当代齐鲁文库·20世纪"乡村建设运动"文库

The Library of Contemporary Shandong

Selected Works of Rural Construction Campaign of the 20th Century

山东社会科学院 编纂

/11

山东乡村建设研究院概览
山东乡村建设研究院及
邹平实验区概况

山东乡村建设研究院 等编

中国社会科学出版社

图书在版编目(CIP)数据

山东乡村建设研究院概览 山东乡村建设研究院及邹平实验区概况 / 山东乡村建设研究院等编. —北京：中国社会科学出版社，2019.10 (2020.11 重印)

(当代齐鲁文库.20 世纪"乡村建设运动"文库)

ISBN 978-7-5203-5570-4

Ⅰ.①山… Ⅱ.①山… Ⅲ.①城乡建设—研究院—概况—山东—民国 Ⅳ.①D693.62

中国版本图书馆 CIP 数据核字(2019)第 238364 号

出 版 人	赵剑英
责任编辑	冯春凤
责任校对	张爱华
责任印制	张雪娇

出　　版	中国社会科学出版社
社　　址	北京鼓楼西大街甲 158 号
邮　　编	100720
网　　址	http://www.csspw.cn
发 行 部	010-84083685
门 市 部	010-84029450
经　　销	新华书店及其他书店
印刷装订	北京君升印刷有限公司
版　　次	2019 年 10 月第 1 版
印　　次	2020 年 11 月第 2 次印刷
开　　本	710×1000　1/16
印　　张	12.5
插　　页	2
字　　数	175 千字
定　　价	78.00 元

凡购买中国社会科学出版社图书，如有质量问题请与本社营销中心联系调换
电话：010-84083683
版权所有　侵权必究

《当代齐鲁文库》编纂说明

不忘初心、打造学术精品,是推进中国特色社会科学研究和新型智库建设的基础性工程。近年来,山东社会科学院以实施哲学社会科学创新工程为抓手,努力探索智库创新发展之路,不断凝练特色、铸就学术品牌、推出重大精品成果,大型丛书《当代齐鲁文库》就是其中之一。

《当代齐鲁文库》是山东社会科学院立足山东、面向全国、放眼世界倾力打造的齐鲁特色学术品牌。《当代齐鲁文库》由《山东社会科学院文库》《20世纪"乡村建设运动"文库》《中美学者邹平联合调查文库》《山东海外文库》《海外山东文库》等特色文库组成。其中,作为《当代齐鲁文库》之一的《山东社会科学院文库》,历时2年的编纂,已于2016年12月由中国社会科学出版社正式出版发行。《山东社会科学院文库》由34部44本著作组成,约2000万字,收录的内容为山东省社会科学优秀成果奖评选工作开展以来,山东社会科学院获得一等奖及以上奖项的精品成果,涉猎经济学、政治学、法学、哲学、社会学、文学、历史学等领域。该文库的成功出版,是山东社会科学院历代方家的才思凝结,是山东社会科学院智库建设水平、整体科研实力和学术成就的集中展示,一经推出,引起强烈的社会反响,并成为山东社会科学院推进学术创新的重要阵地、引导学风建设的重要航标和参与学术交流的重要桥梁。

以此为契机,作为《当代齐鲁文库》之二的山东社会科学院

"创新工程"重大项目《20世纪"乡村建设运动"文库》首批10卷12本著作约400万字，由中国社会科学出版社出版发行，并计划陆续完成约100本著作的编纂出版。

党的十九大报告提出："实施乡村振兴战略，农业农村农民问题是关系国计民生的根本性问题，必须始终把解决好'三农'问题作为全党工作重中之重。"以史为鉴，置身于中国现代化的百年发展史，通过深入挖掘和研究历史上的乡村建设理论及社会实验，从中汲取仍具时代价值的经验教训，才能更好地理解和把握乡村振兴战略的战略意义、总体布局和实现路径。

20世纪前期，由知识分子主导的乡村建设实验曾影响到山东省的70余县和全国的不少地区。《20世纪"乡村建设运动"文库》旨在通过对从山东到全国的乡村建设珍贵历史文献资料大规模、系统化地挖掘、收集、整理和出版，为乡村振兴战略的实施提供历史借鉴，为"乡村建设运动"的学术研究提供资料支撑。当年一大批知识分子深入民间，投身于乡村建设实践，并通过长期的社会调查，对"百年大变局"中的乡村社会进行全面和系统地研究，留下的宝贵学术遗产，是我们认识传统中国社会的重要基础。虽然那个时代有许多的历史局限性，但是这种注重理论与实践相结合、俯下身子埋头苦干的精神，仍然值得今天的每一位哲学社会科学工作者传承和弘扬。

《20世纪"乡村建设运动"文库》在出版过程中，得到了社会各界尤其是乡村建设运动实践者后人的大力支持。中国社会科学院和中国社会科学出版社的领导对《20世纪"乡村建设运动"文库》给予了高度重视、热情帮助和大力支持，责任编辑冯春凤主任付出了辛勤努力，在此一并表示感谢。

在出版《20世纪"乡村建设运动"文库》的同时，山东社会科学院已经启动《当代齐鲁文库》之三《中美学者邹平联合调查文库》、之四《山东海外文库》、之五《海外山东文库》等特色文库的编纂工作。《当代齐鲁文库》的日臻完善，是山东社会科学院坚持问题导向、成果导向、精品导向，实施创新工程、激发科研活力结出的丰硕成果，是山东社会科学院国内一流新型智库建设不断实现突破的重要标志，也是党的领导下经济社会全面发展、哲学社会科学欣欣向荣繁荣昌盛的体现。由于规模宏大，《当代齐鲁文库》的完成需要一个过程，山东社会科学院会笃定恒心，继续大力推动文库的编纂出版，为进一步繁荣发展哲学社会科学贡献力量。

山东社会科学院

2018 年 11 月 17 日

编纂委员会

顾　　问　徐经泽　梁培宽
主　　任　李培林
编辑委员会　唐洲雁　张述存　王兴国　袁红英
　　　　　　韩建文　杨金卫　张少红
学术委员会　(按姓氏笔画排列)
　　　　　　王学典　叶　涛　刘显世　孙聚友
　　　　　　杜　福　李培林　李善峰　吴重庆
　　　　　　张　翼　张士闪　张凤莲　林聚任
　　　　　　杨善民　宣朝庆　徐秀丽　韩　锋
　　　　　　葛忠明　温铁军　潘家恩
总 主 编　唐洲雁　张述存
主　　编　李善峰

总　序

　　从传统乡村社会向现代社会的转型，是世界各国现代化必然经历的历史发展过程。现代化的完成，通常是以实现工业化、城镇化为标志。英国是世界上第一个实现工业化的国家，这个过程从17世纪资产阶级革命算起经历了200多年时间，若从18世纪60年代工业革命算起则经历了100多年的时间。中国自近代以来肇始的工业化、城镇化转型和社会变革，屡遭挫折，步履维艰。乡村建设问题在过去一百多年中，也成为中国最为重要的、反复出现的发展议题。各种思想潮流、各种社会力量、各种政党社团群体，都围绕这个议题展开争论、碰撞、交锋，并在实践中形成不同取向的路径。

　　把农业、农村和农民问题置于近代以来的"大历史"中审视不难发现，今天的乡村振兴战略，是对一个多世纪以来中国最本质、最重要的发展议题的当代回应，是对解决"三农"问题历史经验的总结和升华，也是对农村发展历史困境的全面超越。它既是一个现实问题，也是一个历史问题。

　　2017年12月，习近平总书记在中央农村工作会议上的讲话指出，"新中国成立前，一些有识之士开展了乡村建设运动，比较有代表性的是梁漱溟先生搞的山东邹平试验，晏阳初先生搞的河北定县试验"。

　　"乡村建设运动"是20世纪上半期（1901到1949年间）在中国农村许多地方开展的一场声势浩大的、由知识精英倡导的乡村改良实践探索活动。它希望在维护现存社会制度和秩序的前提下，通过兴办教育、改良农业、流通金融、提倡合作、办理地方自治与自卫、建立公共卫生保健制度和移风易俗等措施，复兴日趋衰弱的农村经济，刷新中国政治，复兴中国文化，实现所谓的"民族再造"或"民族自救"。在政治倾向上，参与"乡村建设运动"的学者，多数是处于共产党与国民党之间的'中间派'，代表着一部分爱国知识分子对中国现代化建设道路的选择与探索。关于"乡村建设运动"的意义，梁漱溟、晏阳初等乡建派学者曾提的很高，认为这是近代以来，继太平天国运动、戊戌变法运动、辛亥革命运动、五四运动、北伐运动之后的第六次民族自救运动，甚至是"中国民族自救运动之最后觉悟"。[①] 实践证明，这个运动最终以失败告终，但也留下很多弥足珍贵的经验和教训。其留存的大量史料文献，也成为学术研究的宝库。

"乡村建设运动"最早可追溯到米迪刚等人在河北省定县翟城村进行"村治"实验示范，通过开展识字运动、公民教育和地方自治，实施一系列改造地方的举措，直接孕育了随后受到海内外广泛关注、由晏阳初及中华平民教育促进会所主持的"定县试验"。如果说这个起于传统良绅的地方自治与乡村"自救"实践是在村一级展开的，那么清末状元实业家张謇在其家乡南通则进行了引人注目的县一级的探索。

20 世纪 20 年代，余庆棠、陶行知、黄炎培等提倡办学，南北各地闻风而动，纷纷从事"乡村教育""乡村改造""乡村建设"，以图实现改造中国的目的。20 年代末 30 年代初，"乡村建设运动"蔚为社会思潮并聚合为社会运动，建构了多种理论与实践的乡村建设实验模式。据南京国民政府实业部的调查，当时全国从事乡村建设工作的团体和机构有 600 多个，先后设立的各种实验区达 1000 多处。其中比较著名的有梁漱溟的邹平实验区、陶行知的晓庄实验区、晏阳初的定县实验区、鼓禹廷的宛平实验区、黄炎培的昆山实

---

① 《梁漱溟全集》第五卷，山东人民出版社 2005 年版，第 44 页。

验区、卢作孚的北碚实验区、江苏省立教育学院的无锡实验区、齐鲁大学的龙山实验区、燕京大学的清河实验区等。梁漱溟、晏阳初、卢作孚、陶行知、黄炎培等一批名家及各自领导的社会团体，使"乡村建设运动"产生了广泛的国内外影响。费正清主编的《剑桥中华民国史》，曾专辟"乡村建设运动"一节，讨论民国时期这一波澜壮阔的社会运动，把当时的乡村建设实践分为西方影响型、本土型、平民型和军事型等六个类型。

1937年7月抗日战争全面爆发后，全国的"乡村建设运动"被迫中止，只有中华平民教育促进会的晏阳初坚持不懈，撤退到抗战的大后方，以重庆璧山为中心，建立了华西实验区，开展了长达10年的平民教育和乡村建设实验，直接影响了后来台湾地区的土地改革，以及菲律宾、加纳、哥伦比亚等国家的乡村改造运动。

"乡村建设运动"不仅在当事者看来"无疑地已经形成了今日社会运动的主潮"，① 在今天的研究者眼中，它也是中国农村社会发展史上一次十分重要的社会改造活动。尽管"乡村建设运动"的团体和机构，性质不一，情况复杂，诚如梁漱溟所言，"南北各地乡村运动者，各有各的来历，各有各的背景。有的是社会团体，有的是政府机关，有的是教育机关；其思想有的左倾，有的右倾，其主张有的如此，有的如彼"②。他们或注重农业技术传播，或致力于地方自治和政权建设，或着力于农民文化教育，或强调经济、政治、道德三者并举。但殊途同归，这些团体和机构都关心乡村，立志救济乡村，以转化传统乡村为现代乡村为目标进行社会"改造"，旨在为破败的中国农村寻一条出路。在实践层面，"乡村建设运动"的思想和理论通常与国家建设的战略、政策、措施密切

---

① 许莹涟、李竟西、段继李编述：《全国乡村建设运动概况》第一辑上册，山东乡村建设研究院1935年出版，编者"自叙"。

② 《梁漱溟全集》第二卷，山东人民出版社2005年版，第582页。

相关。

在知识分子领导的"乡村建设运动"中，影响最大的当属梁漱溟主持的邹平乡村建设实验区和晏阳初主持的定县乡村建设实验区。梁漱溟和晏阳初在从事实际的乡村建设实验前，以及实验过程中，对当时中国社会所存在的问题及其出路都进行了理论探索，形成了比较系统的看法，成为乡村建设实验的理论根据。

梁漱溟曾是民国时期宪政运动的积极参加者和实践者。由于中国宪政运动的失败等原因，致使他对从前的政治主张逐渐产生怀疑，抱着"能替中华民族在政治上经济上开出一条路来"的志向，他开始研究和从事乡村建设的救国运动。在梁漱溟看来，中国原为乡村国家，以乡村为根基与主体，而发育成高度的乡村文明。中国这种乡村文明近代以来受到来自西洋都市文明的挑战。西洋文明逼迫中国往资本主义工商业路上走，然而除了乡村破坏外并未见都市的兴起，只见固有农业衰残而未见新工商业的发达。他的乡村建设运动思想和主张，源于他的哲学思想和对中国的特殊认识。在他看来，与西方"科学技术、团体组织"的社会结构不同，中国的社会结构是"伦理本位、职业分立"，不同于"从对方下手，改造客观境地以解决问题而得满足于外者"的西洋文化，也不同于"取消问题为问题之解决，以根本不生要求为最上之满足"的印度文化，中国文化是"反求诸己，调和融洽于我与对方之间，自适于这种境地为问题之解决而满足于内者"的"中庸"文化。中国问题的根源不在他处，而在"文化失调"，解决之道不是向西方学习，而是"认取自家精神，寻求自家的路走"。乡村建设的最高理想是社会和政治的伦理化，基本工作是建立和维持社会秩序，主要途径是乡村合作化和工业化，推进的手段是"软功夫"的教育工作。在梁漱溟看来，中国建设既不能走发展工商业之路，也不能走苏联的路，只能走乡村建设之路，即在中国传统文化基础上，吸收西方文化的长处，使中西文化得以融通，开创民族复兴的道路。他特别强调，"乡村建设，实非建设乡村，而意在整个中国社会之建设。"① 他将乡村建设提到建国的高度来认识，旨在为中国"重建一新社会组织构造"。他认为，救济乡村只是乡村建设的"第一层意义"，乡村建设的"真意义"在于创造一个新的社会结构，"今日中国问题在其千年相沿袭之社会组织构造既已崩溃，而新者未立；乡村建设运动，实为吾民族社会重建一新组织构造之运动。"② 只有理解和把握了这一点，才能理解和把握"乡村建设运动"的精神和意义。

晏阳初是中国著名的平民教育和乡村建设专家，1926年在河北定县开始乡村平民教育实验，1940－1949年在重庆歇马镇创办中国乡村建设育才院，后改名中国乡村建设学院并任院长，组织开展华西乡村建设实验，传播乡村建设理念。他认为，中国的乡村建设之所以重要，是因为乡村既是中国的经济基础，也是中国的政治基础，同时还是中国人的基础。"我们不愿安居太师椅上，空做误民的计划，才到农民生活里去找问题，去解决问题，抛下东洋眼镜、西洋眼镜、都市眼镜，换上一副农夫眼镜。"③ 乡村建设就是要通过长期的努力，去培养新的生命，振拔新的人格，促成新的团结，从根本上再造一个新的民族。为了实现民族再造和固本宁邦的长远目的，他在做了认真系统的调查研究后，认定中国农村最普遍的问题是农民中存在的"愚贫弱私"四大疾病；根治这四大疾病的良方，就是在乡村普遍进行"四大教育"，即文艺教育以治愚、生计教育以治贫、卫生教育以治弱、公民教育以治私，最终实现政治、教育、经济、自卫、卫生、礼俗"六大建设"。为了实现既定的目标，他坚持四大教育连锁并进，学校教育、社会教育、家庭教育统筹协调。他把定县当作一个"社会实验室"，通过开办平民学校、创建实验农场、建立各种合作组织、推行医疗卫生保健、传授

---

① 《梁漱溟全集》第二卷，山东人民出版社2005年版，第161页。
② 同上。
③ 《晏阳初全集》第一卷，天津教育出版社2013年版，第221页。

农业基本知识、改良动植物品种、倡办手工业和其他副业、建立和开展农民戏剧、演唱诗歌民谣等积极的活动，从整体上改变乡村面貌，从根本上重建民族精神。

可以说，"乡村建设运动"的出现，不仅是农村落后破败的现实促成的，也是知识界对农村重要性自觉体认的产物，两者的结合，导致了领域广阔、面貌多样、时间持久、影响深远的"乡村建设运动"。而在"乡村建设运动"的高峰时期，各地所开展的乡村建设事业历史有长有短，范围有大有小，工作有繁有易，动机不尽相同，都或多或少地受到了邹平实验区、定县实验区的影响。

20世纪前期中国的乡村建设，除了知识分子领导的"乡村建设运动"，还有1927-1945年南京国民政府推行的农村复兴运动，以及1927-1949年中国共产党领导的革命根据地的乡村建设。

"农村复兴"思潮源起于20世纪二三十年代，大体上与国民政府推动的国民经济建设运动和由社会力量推动的"乡村建设运动"同时并起。南京国民政府为巩固政权，复兴农村，采取了一系列措施：一是先后颁行保甲制度、新县制等一系列地方行政制度，力图将国家政权延伸至乡村社会；二是在经济方面，先后颁布了多部涉农法律，新设多处涉农机构，以拯救处于崩溃边缘的农村经济；三是修建多项大型水利工程等，以改善农业生产环境。1933年5月，国民政府建立隶属于行政院的农村复兴委员会，发动"农村复兴运动"。随着"乡村建设运动"的开展，赞扬、支持、鼓励铺天而来，到几个中心实验区参观学习的人群应接不暇，平教会甚至需要刊登广告限定接待参观的时间，南京国民政府对乡建实验也给予了相当程度的肯定。1932年第二次全国内政工作会议后，建立县政实验县取得了合法性，官方还直接出面建立了江宁、兰溪两个实验县，并把邹平实验区、定县实验区纳入县政实验县。

1925年，成立已经四年的中国共产党，认识到农村对于中国革命的重要性，努力把农民动员成一股新的革命力量，遂发布《告农民书》，开始组织农会，发起农民运动。中国共产党认为中国农村问题的核心是土地问题，乡村的衰败是旧的反动统治剥削和压迫的结果，只有打碎旧的反动统治，农民才能获得真正的解放；必须发动农民进行土地革命，实现"耕者有其田"，才能解放农村生产力。在地方乡绅和知识分子开展"乡村建设运动"的同时，中国共产党在中央苏区的江西、福建等农村革命根据地，开展了一系列政治、经济、文化等方面的乡村改造和建设运动。它以土地革命为核心，依靠占农村人口绝大多数的贫雇农，以组织合作社、恢复农业生产和发展经济为重要任务，以开办农民学校扫盲识字、开展群众性卫生运动、强健民众身体、改善公共卫生状况、提高妇女地位、改革陋俗文化和社会建设为保障。期间的尝试和举措满足了农民的根本需求，无论是在政治、经济上，还是社会地位上，贫苦农民都获得了翻身解放，因而得到了他们最坚决的支持、拥护和参与，为推进新中国农村建设积累了宝贵经验。与乡建派的乡村建设实践不同的是，中国共产党通过领导广大农民围绕土地所有制的革命性探索，走出了一条彻底改变乡村社会结构的乡村建设之路。中国共产党在农村进行的土地革命，也促使知识分子从不同方面反思中国乡村改良的不同道路。

"乡村建设运动"的理论和实践，说明在当时的现实条件下，改良主义在中国是根本行不通的。在当时国内外学界围绕乡村建设运动的理论和实践，既有高歌赞赏，也有尖锐批评。著名社会学家孙本文的评价，一般认为还算中肯：尽管有诸多不足，至少有两点"值得称述"，"第一，他们认定农村为我国社会的基本，欲从改进农村下手，以改进整个社会。此种立场，虽未必完全正确；但就我国目前状况言，农村人民占全国人口百分之七十五以上，农业为国民的主要职业；而农产不振，农村生活困苦，潜在表现足为整个社会进步的障碍。故改进农村，至少可为整个社会进步的张本。第二，他们确实在农村中不畏艰苦为农民谋福利。各地农村工作计划虽有优有劣，有完有缺，其效果虽有大有小；而工作人员确脚踏实地在改进农村的总目标下努力工作，其艰苦耐劳的精神，殊足令人起敬。"① 乡村建设学派的工作曾引起国际社会的重视，不少国家于二次世界大战后的乡村建设与社区重建中，注重借鉴中国乡村建设学派的一些具体做法。晏阳初1950年代以后应邀赴菲律宾、非洲及拉美国家介绍中国的乡村建设工作经验，并从事具体的指导工作。

总起来看，"乡村建设运动"在中国百年的乡村建设历史上具有承上启下、融汇中西的作用，它不仅继承自清末地方自治的政治逻辑，同时通过村治、乡治、乡村建设等诸多实践，为乡村振兴发展做了可贵的探索。同时，"乡村建设运动"是与当时的社会调查运动紧密联系在一起的，大批学贯中西的知识分子走出书斋、走出象牙塔，投身于对中国社会的认识和改造，对乡村建设进行认真而艰苦地研究，并从丰富的调查资料中提出了属于中国的"中国问题"，而不仅是解释由西方学者提出的"中国问题"或把西方的"问题"中国化，一些研究成果达到了那个时期所能达到的巅峰，甚至迄今难以超越。"乡村建设运动"有其独特的学术内涵与时代特征，是我们认识传统中国社会的一个窗口，也是我们今天在新的现实基础上发展中国社会科学不能忽视的学术遗产。

历史文献资料的收集、整理和利用是学术研究的基础，资料的突破往往能带来研究的创新和突破。20世纪前期的图书、期刊和报纸都有大量关于"乡村建设运动"的著作、介绍和研究，但目前还没有"乡村建设运动"的系统史料整理，目前已经出版的文献多为乡建人物、乡村教育、乡村合作等方面的"专题"，大量文献仍然散见于各种民国"老期刊"，尘封在各大图书馆的"特藏部"。本项目通过对"乡村建设运动"历史资料和研究资料的系统收集、整理和出版，力图再现那段久远的、但仍没有中断学术生命的历史。一方面为我国民国史、乡村建设史的研究提供第一手资料，推进对"乡村建设运动"的理论和实践的整体认识，催生出

---

① 孙本文：《现代中国社会问题》第三册，商务印书馆1944年版，第93-94页。

高水平的学术成果；另一方面，为当前我国各级政府在城乡一体化、新型城镇化、乡村教育的发展等提供参考和借鉴，为乡村振兴战略的实施做出应有的贡献。

由于大规模收集、挖掘、整理大型文献的经验不足，同时又受某些实际条件的限制，《20世纪"乡村建设运动"文库》会存在着各种问题和不足，我们期待着各界朋友们的批评指正。

是为序。

2018年11月30日于北京

编辑体例

一、《20世纪"乡村建设运动"文库》收录20世纪前期"乡村建设运动"的著作、论文、实验方案、研究报告等,以及迄今为止的相关研究成果。

二、收录文献以原刊或作者修订、校阅本为底本,参照其他刊本,以正其讹误。

三、收录文献有其不同的文字风格、语言习惯和时代特色,不按现行用法、写法和表现手法改动原文;原文专名如人名、地名、译名、术语等,尽量保持原貌,个别地方按通行的现代汉语和习惯稍作改动;作者笔误、排版错误等,则尽量予以订正。

四、收录文献,原文多为竖排繁体,均改为横排简体,以便阅读;原文无标点或断句处,视情况改为新式标点符号;原文因年代久远而字迹模糊或纸页残缺者,所缺文字用"□"表示,字数难以确定者,用(下缺)表示。

五、收录文献作为历史资料,基本保留了作品的原貌,个别文字做了技术处理。

编者说明

　　为向社会各界介绍山东乡村建设研究院及其邹平实验区的情况，1934年，山东乡村建设研究院编印了《山东乡村建设研究院概览》，1935年1月重印；1936年4月，又编印了《山东乡村建设研究院及邹平实验区概况》。本次编辑，因技术等原因，删除了《山东乡村建设研究院概览》1935年重印本的部分照片和插图，并将两书合为一卷，收入《20世纪"乡村建设运动"文库》。

山东乡村建设研究院概览

山东乡村建设研究院　编

本院址平面圖

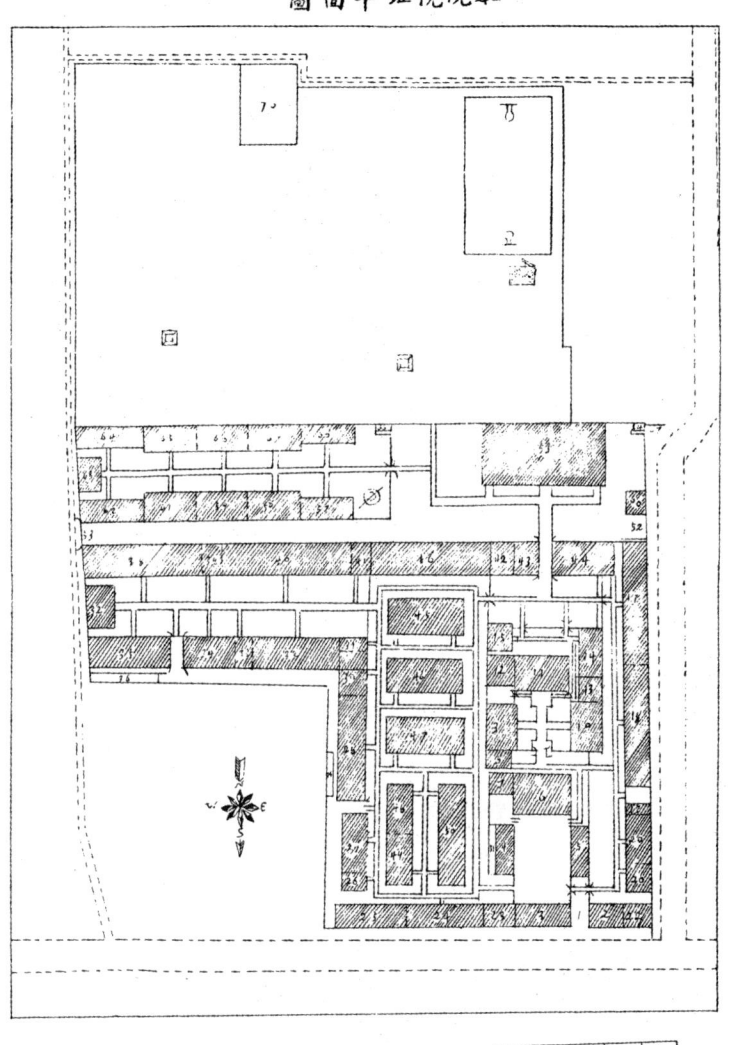

比例尺：二千分之三

圖例：
- 房屋
- 墻
- 門
- 四門
- 高墻
- 道
- 柴枳
- 土墙
- 磚砌水池
- 井

序号说明

1	前大门	19	厕所	37	学生宿舍	55	大礼堂
2	传达室	20	饭厅	38	学生宿舍	56	厕所
3	出版股	21	饭厅	39	班主任室	57	饭厅
4	编辑室	22	厨房	40	学生宿舍	58	饭厅
5	稽核股	23	勤务室	41	班主任室	59	饭厅
6	会议厅	24	学生宿舍	42	教员室	60	传达室
7	秘书室	25	学生宿舍	43	军事主任室	61	饭厅
8	庶务股	26	班主任室	44	教官室	62	饭厅
9	文书股	27	教员室	45	作业室	63	勤务室
10	会计股	28	学生宿舍	46	作业室	64	浴室
11	总务处	29	厕所	47	作业室	65	厨房
12	院长室	30	班主任教员室	48	作业室	66	厨房
13	勤务室	31	勤务室	49	作业室	67	厨房
14	储藏室	32	学生宿舍	50	图书馆	68	厨房
15	茶炉	33	班主任室	51	厕所	69	照壁
16	注册股	34	学生宿舍	52	后东大门	70	司令台
17	职员宿舍	35	学生宿舍	53	后西大门		
18	储藏室	36	厕所	54	厕所		

1. 院长约43.1丈。
2. 院阔约30.07丈。
3. 全院面积17亩6分7毫。

目　次

本院成立缘起 …………………………………………（1）

本院院址之设置及其社会环境 ………………………（2）

本院之宗旨 ……………………………………………（4）

本院设立旨趣及办法概要 ……………………………（5）

本院之组织

　　（附：修正本院组织大纲、修正本院组织系统表、

　　本院第一分院组织大纲、本院总务处办事细则）………（20）

本院之经费

　　（附：本院经费分配比较表、本院经费分配百分

　　比例图）………………………………………………（29）

本院大事记 ……………………………………………（31）

本院学则及课程

　　（附：两部课程时数分配）…………………………（35）

本院乡村建设研究部概要

　　（附：研究部第一届结业同学服务调查表、入学时年龄

　　比较图、学历比较图、家庭职业百分比较图）………（49）

乡村服务人员训练部概要

　　（附：训练部第一二两届学生入学时年龄比较图、

　　学历比较图、家庭职业百分比较图）………………（53）

农场概要

　　（附：作物育种表、美棉育种成绩表、美棉推广概况

表、美棉运销合作社进展概况表、机织合作社概况表、本场畜牧一览表、各种猪种试验成绩比较表、波兰支那纯种猪推广比较表、邹平改良猪种头数统计比较表、推广改良蚕种组织养蚕合作社进展概况表、蚕种制造概况表、黄金种蜂采蜜分群比较表）……………（56）

乡村服务指导处概要 …………………………（66）

社会调查部概要 ………………………………（68）

图书馆概要 ……………………………………（69）

实验区概要

  （附：各省设立县政建设实验区办法、山东县政建设实验区条例、山东省县政建设研究院实验区条例实施办法、本院上省府呈文）………………………（70）

本院成立缘起

本院以民国二十年三月筹备，六月成立，讫兹三年有余。溯其由来，河南村治学院是其前身。先是山东王君鸿一河南彭君禹廷等以求治必于乡村之说倡导于世，十八年一月创刊《村治月刊》于北平，同年冬创立河南村治学院于辉县百泉。其时主豫政者即今山东省政府主席韩公复榘，于学院备极爱护。洎十九年十月河南村治学院因故停办，时则韩公已移任山东，闻之深以为惜。十二月电招同人来鲁议重举其事。同人以"村治"一词不如"乡村建设"词义较为通晓，又在豫院偏于训练人才，兹更应注重研究实验工作，乃定名"山东乡村建设研究院"。翌年春草成组织大纲及学则课程经省政会议通过发表，并指定邹平县为试验区，院址设试验区内，而任梁君耀祖（仲华）为院长、孙君则让（廉泉）为副院长主其事，本院于是成立。

本院院址之设置及其社会环境

本院设于山东邹平县东门外。院址系购置旧日之盐店房舍加以修葺，另建大礼堂一座，讲堂七座，宿舍及办公房屋百余间；并以购地之一部七亩余为操场。研究部比连在东，系利用旧天齐庙庙址。在其东南有旧基督教会所建医院房舍六十余间，即租借以为农场办事之所（农场经营设备另见）。本院一切设置，一以限于经费，因陋就简；抑亦意在利用当地之环境，保存朴质风尚，适合乡村习惯。

邹平位居山东之中，西距济南百七十里，东南距胶济路之周村站三十五里，城北四十里孙家镇经小清河可西达济南，又周青汽车路（周村至青城）道经县城；是以水陆交通，尚称便利（来本院者乘胶济路车到周村换乘人力车或汽车即达）。全境东西四十三里，南北八十里，面积二六二三方里，耕地五七六六顷（此据前建设局报告，另据本院调查当在七十一万亩之数），人口一五五七六八，于鲁省列三等县。县之西南多山，皆长白山脉，其山有摩诃山、白云山、于兹山、黄山、会仙山、玩湖峰等；峰岚起伏，花本繁盛，颇饶风景。浒山泺在玩湖峰西，东距县城十五里，汇诸山之水，圆广约三十里；往年水旺，颇多芰荷鱼虾之利，今则冬春每易干涸矣。东南地上平沃，于普通农作物外兼有蚕桑。西北地势较高，向多植棉。邹平民风除东南一部邻近周村受商业影响外，大都朴质，勤苦耐劳。土地分配颇均平，——约有百分之八十六之自耕农，所占耕地亦如之。居民八九务农，类能自给，少有叫化行乞者。

邹平于古称"梁邹县"，孙家镇即其旧县治所在。汉伏生传经，为文化史上可纪之事，其故里在此，历代以其子孙为奉祀官以祀焉。及有宋范文正公仲淹随母改嫁长山朱氏，尝读书醴泉寺，寺在城西南三十里黉堂岭下，故今有范公读书处及范公祠，其遗念在民者盖甚深。

总上各点本院所为择地邹平并选为第一实验区者，盖有数因：一、在山东全省为比较适中地点，不偏于一隅；二、交通不为不便，但又非要路冲繁；三、大体为农业社会，受工商业影响较小；四、不甚瘠苦，亦非甚富庶，颇合于一般性；五、小县易治。

关于邹平社会各情形，本院社会调查部已成"邹平概况调查"一册，不日可以刊行。

本院之宗旨

（附：本院设立旨趣及办法概要）

　　同人等感于频年丧乱，深以求治为急。顾中国今日之乱，盖由于近百年来遭遇一种不同文化之侵入，激起自身传统文化之一大转变，因之由旧文化而产生之固有的社会组织构造节节崩溃，荡然靡遗。此时而言求治，其事乃非仓促涂饰所可为功；非从根柢上重新建立其自身所适用之一种新组织构造不可。从其历史的命定与夫时代的要求，此新组织构造要必于乡村养其端倪，植其苗芽，而后吸取今世进步生产技术生产组织乃能以开展成长。而此一段生机所由开出，则有赖于知识分子回乡，深入农村，以尽其启发指导之功。本院所谓乡村建设工作其旨诚在于是。——其详见下附"本院设立旨趣及办法概要"。

本院设立旨趣及办法概要

中国原来是一个大的农业社会，在他境内见到的无非是些乡村，即有些城市（如县城之类）亦多数只算大乡村，说得上都市的很少。就从这点上说，中国的建设问题便应当是"乡村建设"。

假使中国今日必须步近代西洋人的后尘，走资本主义路发达工商业，完成一种都市文明；那么，中国社会的底子虽是乡村，而建设的方针所指犹不必为乡村。然而无论从那点上说，都不如此的。近代西洋人走的这条路，内而形成阶级斗争社会惨剧，外而酿发国际大战世界祸灾，实为一种病态的文明，而人类文化的歧途；日本人无知盲从，所为至今悔之已晚的；我们何可再蹈覆辙？此言其不可。西洋其实亦何尝愿为工商业偏畸的发展，都市的畸形发达；然而走资本主义自由竞争的路，则农业是要受到桎梏，乡村是要归于衰落的。在他们那地势，那时际，犹且吃得住，索兴走上工商业的偏锋，回头再谋救济农村；在我们如今则万万吃不住。此言其不宜。抑更有进者，我们今日便想要走西洋的道儿亦不可能。在这世界上个个俱是工商业的先进国，拼命竞争，有你无我，我们工商业兴发之机早已被杜塞严严地不得透一口气。正不是愿步他们后尘或不愿的问题，而是欲步不能了。因此，除非没有中国建设问题可说；如其有之，正不外谋其乡村的发达，完成一种"乡村文明"。

所谓乡村文明，初非与都市文明相对待的；"乡村的畸形发展"是没有这句话的。因为乡村发达就是他的文化增高，物质设备，近代都市的长处不妨应有尽有，如此则是调和了，而非趋于一偏。而且乡村文明的开发，天然是要植基于经济上一条平正路子的。前面说过，农业在资本主义下受到桎梏；那么，农业的发达是在什么道儿呢？那便是"合作"。工业国家所以救济其农村的方策在其农民的合作；农业国家（如丹麦）所以立国之道在其农民的合作；即以共产为旨归的苏俄，其入手处亦要促进其农民的合作。西洋所以陷于工商业之偏畸发达的，全从个人本位自由竞争而来。合作既异乎所谓个人本位，亦异乎所谓社会本位，恰能得其两相调和的分际，有进取而无竞争，由此道而行，自无偏畸的结果，并不是利于农业者，又将不利于工业。唯此农业工业自然均宜的发展，为能开出正常形态的人类文明；而唤他为"乡村文明"的，以其为由乡村开发出来的文明也。此由乡村开发出来的文明，一切既造于都市文明的国家大都不容易去成就他了；只是中国人尚未能走上一条路，前途可有此希望。那么，亦就是只靠中国人负此伟大使命。从此义言之，中国的乡村建设不单在他自己是没疑问的，而且具有如是重大关系，深远意义在！

我们且不说远的罢。摆在眼前最大的问题，不是许多人没饭吃么？天灾待赈先不计；自求官谋差，投军从匪，以至官无可求，军无可投，匪无可为，与西洋失业又自不同的一种劳力过剩，年年逐增未已，情形何等严重而急迫！就从解决这问题上说，那么，又是应当走农业路而不应当步趋于工商业；——这是几如东西之异途的。现在资本主义下的工商业，只是发财的路而不是养人的路。不要说他在中国没有发达的可能，便发达到美国今日之盛，亦不是有七百万失业之众么？农业则不是发财的捷径，而正是养人的路；尤其是从合作发达起来的农业，最是养济众人的一条大道。诚然，中国所患在生产不发达，但这不是徒然生产发达能了的事，其中更有如何使之发达均宜，和如何分配问题在，不可不注意。而想要农业之发达，不是农业片面的事；在其社会的方方面面（政治经济教育都有密切关联，而实为整个乡村的事）。如此方方面面都顾到的促兴农业，换句话说，那便是"乡村建设"了——只有乡村建设，促兴农业，能解决这多数人没饭吃的问题。

更进一层，试检问这许多没饭吃的人何由而来？其始大都是安住乡村的，皆由不得安于乡村而来。最易见的：频年兵祸匪祸是破坏乡村，驱迫着人离开乡村散荡在外觅食的；数十年来与此乡村社会全不切合的西式学校教育是专门诱致乡村人于都市，提高他的欲望而毁灭他的能力，流为高等乞丐的；轮船火车的交通，新式工商业的兴起，都市文明的模仿，皆是诱致人离开乡村而卒之失其简易安稳生涯的。更有其间接而致之于此的普遍形势，则自欧人东侵以来，一面以他们对我之侵略，一面以我们对他的模仿，经济上、政治上、教育上，内外两重一致的朝着侵渔乡村摧抑农业的方向而猛进；乡村乃日就枯落凋敝。然而中国所有者，则只是乡村，只是农业，使果得如日本人之机缘凑合走上工商业路，亦还算别开生机，无如国际资本帝国主义者又将此路压挤得严严的。于是乃前后无路；其不致没饭吃的人一天一天增加，还有什么结果可得？民族生命其犹得维持至今者，盖唯赖吾农民之过人的勤勉耐劳与过人的节约耐苦。因此，离乡流荡无归者固属没饭吃；其株守乡井者亦多在生活最低线以下，与饥饿没什么分别的。

那么，我们可以明白了，今日的问题正为数十年来都在"乡村破坏"一大方向之下，要解决这问题，唯有扭转过这方向而从事的乡村建设，——挽回民族生命的危机，要在于此。只有乡村安定，乃可以安辑流亡；只有乡村产业兴起，可以广收过剩的劳力；只有农产增加，可以增进国富；只有乡村自治当真树立，中国政治才算有基础；只有乡村一般的文化能提高，才算中国社会有进步。总之，只有乡村有办法，中国才算有办法，无论在经济上、在政治上、在教育上都是如此的。

现在中国社会中吃饭最成问题的，似更在受过教育，有些知识的那般人。在简拙的旧农业上用不着知识分子；而像前所说农民勤苦的习惯能力，他又已没有；因此，在农业道上没处养活他。况他生活欲望已高，亦自然要竞趋于都市的。但这没何等工商业可言的国家,都市中又何曾替他们开辟出许多位置来?于是就都拥到军政学界来了。其无处安插之苦,生存竞争之烈,已是有目共睹,无烦多说。大局的扰攘不宁,此殆为有力原因:他们固自不同乎无知无识的人比较好对付的。

乡村向来是在文化上、在政治上、在经济上全都被都市占了上风的。有知识的人均奔向都市,乡村乃愈加锢蔽愚昧;亦愈加没人理会,没人注意;因之,其所受政治上的压榨与经济上的剥削亦愈甚。智力与金钱与权势三者原是相连环的:愈愚,愈弱,愈贫;愈贫,愈弱,愈愚。而此时都市人染接欧风,生活欲望愈提愈高,政治上名色愈出愈多,经济上手段愈来愈巧,其压榨剥削于乡村者愈厉。因既无工商业为对外生财之道,都市人生活的奢费自唯仰给于乡村,直接间接要无非农民血汗。乡村凋敝,都市亦无所托;军政学界的生存竞争愈烈,大局的扰攘益无底止。因果相寻,都市上一天一天知识分子充斥拥挤,乡村中愈感贫枯。过剩的过剩,贫乏的贫乏,两趋极端:其势愈亟,其象愈险,而中国问题亦愈陷于无法解决!

其实何必这样自走死路呢?不单为民族着想,这样是走死路;即为知识分子个人计,这亦是愈走愈窄,终于无幸的。大家尽想吃一碗现成饭,而且要吃便宜饭,安得有那许多现成而且便宜的饭可吃?——只有自家创造出饭来吃才行。尤且知识分子不要自家看得太贱,自承是个高等乞丐,只好混饭吃。在教育发达的国家,受过教育的人或者是不稀罕的;在中国社会则云何不足珍贵?无论如何要算一社会中有力量的分子;民族自救的大任,除了我们更将靠谁?须知民族的兴亡,系于乡村的破坏或建设;而其关键正在自家身上。只看脚步所向,一转移之间,局面可为之一变的。大家一齐回乡,骈力作广义的促兴农业功夫——乡村建设功夫,开出乡村建设的风气,造成乡村运动的潮流,则数十年来"乡村破坏"之一大方向,又何难扭转过来?自身的出路,民族的出路,一一于此可得;不过总要自己去求罢了。

在都市过剩的知识分子，好像没得处用；然而挪到乡村来，其作用自现。即最无多知识能力的，在乡间至少亦有两种伟大作用：

1. 乡村最大症是愚蔽；从他的一知半解，总可替乡下人开一点知识，最低程度亦能教乡下人认识几个字。

2. 乡村最大缺憾是受到祸害没人理会，自家亦不能呼唤令人注意；而他则容易感觉问题，不似乡间人疲钝忍默，亦有呼喊的工具——即文字。

第一种作用，好比为乡村扩增了耳目；第二种作用，好比为乡村添了喉舌。如果不是回乡来作土豪劣绅，图占乡间人的便宜，则我想此两种作用是一定可以见出的。尤其是回乡的人多了，此作用必自然发生无疑。果真化除得几分乡村人的愚蔽，果真乡村人受到祸害能呼喊出来，中国民族前途便已有了希望，乡村建设便算成功了一半。其作用还不伟大么？

若是较有能力的知识分子，其在乡间将见出第三种更进一步的作用：那便是替乡间谋划一切建设事宜，好比为乡村添了脑筋一样。

所谓乡村建设，事项虽多，要可类归为三大方面：经济一面，政治一面，教育或文化一面。虽分三面，实际不出乡村生活的一回事；故建设从何方入手，均可达于其他两面。例如从政治入手，先组织乡村自治体；由此自治体去办教育，去谋经济上一切改进，亦未尝不很顺的。或从教育入手，由教育去促成政治组织，去指导农业改良等经济一面的事，亦可以行。但照天然的顺序，则经济为先；必经济上进展一步，而后才有政治改进教育改进的需要，亦才有作政治改进教育改进的可能。如其不然，需要不到，可能性不够，终是生强的作法。我们从事乡村建设，原是作促进社会进步的功夫，固不能待其天然自进；然于此中相因相待之理不知留意，建设必将无功。

所谓乡村经济的建设，便是前所说之促兴农业。此处所说农业并概括有林业、蚕业、茶业、牲畜、养鱼、养蜂、各项农产制造等，——一切乡村间生产事业皆在内。所谓促兴农业又包括两面的事：一是谋其技术的改进，一是谋其经济的改进。技术的改进，是求生产的品质与量数有进益；诸如改良种子，防病除虫，改良农具，改良土壤，改良农产制造等事皆是。经济的改进，是求生产费之低省与生产值之优厚；一切为农家合算着可以省钱或合算着多赚钱的办法皆是；其主要者即为各项"合作"，如信用合作、产业合作等。这两面的改进自有相连相需之势。即技术上的改进，每有需合作才能举办者；而合作了，亦会自求其技术的改进。二者交济，农业之发达是很快的。农业果然兴起，工业相因而俱来。或应于消费的需求，径直由消费合作社举办；或为农产原料之制造，由产业合作社而举办。其矿冶等业则由地方自治体以经营之。由此而来的工业，自无近代工业所酿的危害。在适宜情形之下，农民并可兼作工人；近代工人生活机械之苦于此可免，那是文化上更有意义的事。

　　说到政治一面，大家都常听到"要赶快完成地方自治"——包涵乡村自治——一句话：其实这是未假思索之言。政治都是以经济为背影的。照原来中国乡村的旧经济状态，本不会有"欧化的地方自治"。——"地方自治"是欧洲政治里面的一回事，故冠以欧化字样；普通所说，类皆指此。照现在中国一天一天枯落的乡村，便没法子有这事实现。非待中国社会经济有进展，是不会完成"自治"的。然而中国经济问题又不会走上欧洲那条路，是中国终不会有那种"地方自治"很明白的。中国经济问题的解决，天然只有一条路如上所说者；因此中国亦将自有其一种政治包涵地方自治。中国从合作这条路走去，是以"人"为本的，不同乎资本主义之以"钱"为本。又从乡村而建设起来，层层向上建筑，向大扩张；虽然合作社的联合中枢机关在都市，而其重心则普遍存于各乡村。由是，其政治的重心亦将自普在乡村，普在人人。像欧洲那样钱膨大起来驱使人，而人转渺小；又由都市操纵国权，乡村轻末不足齿数，上重而下轻者，这里都不会有。可以说欧洲国家政权好像偏起而耸立的；此则平铺安放的。尤其是个人本位自由竞争的经济，其经济属私事，政治乃为公事；二者分离。此则合作经营，即私即公；经济与政治固可以不离为二。孙先生遗教曾说，"地方自治体不单为一政治组织，抑并为一经济组织"；指示甚明。大概事实上，亦非借经济一面之合作引入政治一面之自治不可。不然，则虽将区乡闾邻按照法令编制起来，自治公所的招牌悬出来，至多不过奉行上面命令办些行政事务而已；不能举自治之实。

眼前若成立自治组织，宜注意担任自治公职者之人选，取谦谨平实一流使其消极地少些流弊。其积极的功用，则要以能和睦乡党尽诱导教育之劳，使于自治生了解生兴趣者为最上。

乡村建设之教育一面，眼前可作之事甚多；而要以民众教育为先，小学教育犹在其次。民众教育随在可施，要以提高一般民众之知能为主旨。经济一面政治一面之得有些微进行，统赖于此。内地乡民之愚昧，外间多不深悉，一为揭看，便将兴叹无穷。倘于此多数民众不能有所开启振拔，则凡百俱不相干，什么都说不上。丹麦之兴，盖全以其农民教育为推动力；其事有可仿行者，但非下乡之知识分子倾注于农业改良研究，为其先导不可。

乡间礼俗的兴革，关系乡村建设问题者甚大。不好的习俗不去，固然障碍建设；尤其是好的习俗不立，无以扶赞建设的进行。所谓合作，所谓自治，都与从前疏离散漫的社会不同。人与人之间关系日密，接触日多，所以行之者必有其道。此道非法律而是礼俗。法律只可行于西洋，行于都市；若在中国社会，尤其是在乡党之间是不行的。何况有法律，亦要有礼俗才行；即法律之行，亦莫不有资于习俗。古时如吕氏乡约等，于此是一种参考，第如何因革损益，大不易言。

以上就乡村建设三面，略陈其义；其具体事项，若者先办，若者后办，如何办法，则各地情势不同，要在谋划的人善为揣度，不能一概而论。一则要看当地是什么情形，一则要看自己是什么力量。乡村建设的事，什么人皆可作；政府作，社会团体作，私人居乡亦可作。所以力量是不一样的。力量不一样，自然作法不一样。地方情形，又有地理的不同和人事的不同。就地理说，不但南北异宜，即一省之中，一县之中正复不能一样。总要因其土宜为之兴利，因其所患苦为之除害。例如苦旱的地方，自然要兴水利；——怎样兴法又不一样。产棉的地方，自然改良棉种；或棉种已有办法，而指导其为棉花贩卖合作亦不一定。他如山地可以造林，交通不便者急须修路，等等不一。人事不同者，如其社会经济情形不同，政治情形不同，教育情形不同，或风俗人情不同等。万般不齐，随宜施设，说之不尽。但有三桩事可以提须出来说说的：

一则地方不靖者，莫先于举办乡村自卫。孙先生遗教，原有警卫完成再及自治之说。最近国民政府为安辑地方计，亦极力督促地方保卫团之成立。诚以秩序未安，人心不定，一切建设无从谈起。中央及地方政府法令所示，仅属一种大概办法；认真去作，仍须当其事者悉心讲求。最要众志归一，先安内部。先清内部，则根本已立；无论平常时或有匪患时，都应该作此功夫。

一则地方有红枪会或其他帮会组织者，亟宜作一种化导功夫，务使其尽相当之用而不为害。乡民愚迷而有组织，且为武装组织，其危险性实大。第一要化导他向开明进步的方向去；不然，必将为乡村改进的绝大障碍。第二要慎防他势力扩大，为人利用，酿出祸乱。这是一件最不易对付的事；然只许用软功夫，不可以强硬手段摧毁之。——这是违背乡村建设之理的。

一则洋烟毒品发现流行的地方，亟宜公议查戒杜绝之法。毒品流行，为祸最烈；然其始必自村中有不务正业之游民，又每与娼赌等事相缘，实为村风败坏的问题，非单独的一件事。唯靠乡中老成端正之士，团结一致，共负起挽救整顿之责，建树良好村风，别无他法。此虽为法律所厉禁，却终非外面官府力量所能及的。

在今日纷纭杂复的中国社会，问题岂胜枚举，方法何可预定。只要认清题目，握定纲领，事情到手，自有办法；——即不然，办法亦无难讲求。我们总结上文大意，以为我们的题目和纲领，即此作结：

　　题目便是关造正常形态的人类文明，要使经济上的"富"政治上的"权"综操于社会，分操于人人。其纲领则在如何使社会重心从都市移植于乡村。乡村是个小单位社会，经济组织政治组织皆天然要造端于此的；一切果从这里建造起来，便大致上差。恰好乡村经济建设要走合作的路，那是以人为本的经济组织，由是而政治亦自形成为民主的，那么，所谓富与权操于人人，更于是确立。现在所急的，是如何遵着这原则以培起乡村经济力量，乡村政法力量；这培起乡村力量的功夫，谓之乡村建设。——乡村建设之所求，就在培起乡村力量，更无其他。力量一在人的知能，二在物资；而作用显现要在组织。凡所以启发知能，增殖物资，促进组织者，都是我们要作的。然力量非可由外铄；乡村建设之事，虽政府可以作，社会团体可以作，必皆以本地人自作为归。

　　山东省政府为谋本省的乡村建设，经政务会议议决而有本院——山东乡村建设研究院之设立。所有一切办法，或秉承省政府命令所示，或由院拟订呈请省政府核准备案；其既经公表之文件，则有本院组织大纲，本院学则及课程。兹分项撮要，概叙如此。

　　本院所要作的事，是一面研究乡村建设问题，一面指导乡村建设的实施。本院内部组织，即据此而分为：

　　一、乡村建设研究部；

　　二、乡村服务人员训练部；

　　三、实施乡村建设的试验县区。

　　乡村建设研究部的命意，约有两层：一层是普泛地提倡这种研究，以为学术界开风气；一层是要具体地研究本省各地方的乡村建设方案。大概初创之时，以前层意思为多；渐渐才得作到后一层。——因为这不但要萃集各项专门人才，并且要有几个机关协同着作才行的。此项研究生的招收，原是要受过高等教育者为合格；不过亦不愿拘定大学专门毕业的资格，致失奖劝知识分子转向乡村去的本意，所以又有同等学力的规定。大抵以具有较高知识，对于乡村问题向曾留意者为合适。其研究程序，先作一种基本研究；——那便是乡村建设根本理论的研究。次则为专科研究；随着各人已往学识根柢的不同，和现在兴趣注意的不同，而自行认定一科或数科研究之。例如原来学农业的，就可以从事于农业改良研究；而现在有志于乡村教育的，就可以从事于乡村教育研究。各科的范围宽狭不同，细目亦得别为一科。但科目的认定，必得研究部主任的审量许可；作业的进行，须听部主任及教师的指导。本部课程，除间有必要外，不取讲授方式；或各别谈话，或集众讨论；并于南北各大学聘有特约导师担任指导，以函授行之。修业期限，规定二年；但于修业期间，得有研究结果，提出论文经部主任及导师评定合格者，亦得请由院长核准予以提前结业。

此项研究部学生，差不多都要到觅求职业的时间，颇难再由家中供给费用。所以本院定章，除供给膳宿外，并给予津贴每月十元。其学有专长者，在适宜情形下，并得在院中兼职兼课（训练部功课）；要无非掖进有志，扶助苦学之意。将来学成结业，自本院希望言之，实以留院服务为期。因本院训练部第二期必须扩充办理正多需才之处。以是本院学则，于此有"酌留本院服务"及"呈请省政府录用"之文。

本院第一届招生，研究部限招三十名。并以一切费用均出公家供给之故，其省籍即限于山东本省。但为提倡这种风气起见，外省自备资斧请求附学者，亦得酌量容纳；其名额不得逾本院学生十分之一。

乡村服务人员训练部和特定之试验县区，是从"指导乡村建设的实施"那一面工作而来的两个机关。我们对于实施乡村建设的进行，计划第一步要预备到乡村服务的人才。这不须说，当然是要就地取材的；其条件略如下开为合适。

一、世代居乡，至今其本人犹住家在乡村的。——这是为他不失乡村生活习惯；尤其紧要的，为是他熟谙乡村情形。

二、曾受过相当教育（略如初中），具有普通知识。——非有知识和运用文字的能力，不能为公众作事。

三、年纪在二十岁以上，三十五岁以内的。——这是为年力正富可以有为，而又不要太年轻。

大概果能具此三条件的人，多是在乡村教过学或曾任乡村公职者；亦可说是于乡村服务有些经验的。因其受过相当教育年达二三十岁，而没有升学或作事于外，则其末后居乡的几年总不免要作点事的；其升学或作事在外而新回乡的，成数必然很少。前项闷守乡村的，诚未必是俊才；然在这知识分子回乡尚未成风气的今日，舍此更无可求。后一项新回乡的，或有英发之士；而多年在外，情形隔膜，亦是缺欠。无论那项人，非经一度训练之后，总还不能担任乡村建设的工作。此所以有乡村服务人员训练部之设。所要训练于他的，约计有三：

一、实际服务之精神陶练——要打动他的心肝，鼓舞他的志趣，锻炼他吃苦耐劳，坚忍不拔的精神；尤其要紧的，是教以谦抑宽和处己待人之道。

二、为认识了解各种实际问题之知识上的开益——非有一番开益其知识的功夫，则于各种实际问题恐尚不易认识了解。

三、为应付解决各种实际问题之技能上的指授——例如办公事的应用文，办合作的应用簿记，办自卫的军事训练等。必须受过了这三项训练，而后乡村服务人才的条件才得完具。因此本院于训练部的课程，有五大部之安排：

甲、党义之研究；概括三民主义，建国大纲，建国方略，及其他等目。

乙、乡村服务人才之精精陶炼。

丙、乡民自卫之常识及技能之训练；概括自卫问题研究，军事训练，拳术，及其他等目。

丁、乡村经济方面之问题研究；概括经济学大意，农村经济，信用生产消费各项合作，簿记，社会调查及统计，农业常识及技卫，农产制造，水利，造林，及其他等目。

戊、乡村政治方面之问题研究；概括政治学大意，现行法令，公文程式，乡村自治组织，乡村教育，户籍土地各登记，公安，卫生，筑路，风俗改良，及其他等目。

我们为实行"就地取材"，所以对于招生特别仔细；为练训得有实功，所以对于课程不得不认真。所谓招生特别仔细的，就是训练部学生的招收，由招考委员会分组出发到各县，召集当地人士，宣布乡村建设的意义和本院进行的办法，唤起地方上人的同情愿来参加，而后分区就近考试。——其如何分区分届招生办法详后。所谓课程认真的，则有部班主任制和一年到头不放假的办法。

本院训练部学生以四十名为一班，班置班主任及助教各一人。班主任对他一班的学生之身心各方面的活动，皆负有指导照管之责；凡学生精神之陶炼，学识之培益，身体之保育锻炼等，固自有各样的课程作业，但必以此班主任的指导照管作个训练的中心。所以班主任有"应与学生同起居共饮食""以时常聚处为原则"的规定。学生每天都要自己写日记；这日记亦是由班主任为之阅改。各班学生成立其自治团，凡经本院划归该部自行办理之教务庶务卫生清洁等事；亦都是在班主任指导之下，进行自法。各班主任之上，更由部主任总其成。——是所谓部班主任制。

训练部课程期以一年结业；这一年到头是不放假的。不但不放寒暑假，并星期列假及一切纪念节假都没有。一则是因为功课多，而修业期短，不得不加紧。一则是农家生活除农暇外，没有那天放假停工之说；本院期在养成乡村人才，于此不合农业社会的习惯，应予矫正。在此一年之中，每日二十四小时生活，依画作夜息分为二大段，排定公共生活时序表。全院遵守。例如自某时起床，盥漱，朝会，健身拳术，早餐，作业，午餐，作业，晚餐，洒扫，作业，写日记，夜息为止；大家同作同息。计午前，午后，晚间，三个作业段共八小时。这虽似太紧张，行起来动亦很自然。因所谓作业包括种种活动，不定是讲课读书。尤其是星期日多为出院外的活动，如野外操练，巡回讲演，乡村调查等。

仔细取材之后，犹恐学生中有难于造就的，所以有随时甄别的办法。本院学则规定，"学生在修业期间，本院得随时就其资性体质思想行为，加以甄别而去留之"。认真训练之后，临时结业，犹恐其有出外作事难副所期者，因而本院学则有规定云："本院期在培养实地服务人才，凡学生结业必须具有解决乡村各种问题之知识能力及勤劳奋勉之精神；其修业期满而不足以副此者，本院得缓予结业"。

以上都是说本院如何预备乡村建设人才的办法。但这招生训练之事，山东全省一百零七县实不能同时举办；此其困难有二：

一、本省各地方情形不同——鲁西不同鲁东，鲁南不同鲁北——要同时了解他，研究他，替他想办法，势所来不及；而这是在训练学生时，多少要指点给他的。尤其是在指导实施时，要帮他解决地方上的问题；普泛地照顾，万照顾不到。

二、训练后回本地作事者，每县人数若过于单少，则事情不易进行。假定每县有十人左右，同受训练，便达一千余人；本院人力财力一时似均有不及。

因此，本院计画划分区域，分期次第举办。其区域即以本省旧日行政区之四道为准。现在第一届招生，即就第一区旧济济道属二十七县先行办理。将来第二届或就第二区旧济宁道属办理；或力量宽裕，第二三区合并举办，亦不一定。

第一届之二十七县，除指定之试验县特别招收四十人外，每县招取人数规定八人至十人；其总数约为三百人以内。招考委员会拟分五组出发；分赴各县宣传后，就济南，邹平，蒲台，惠民，泰安五地点举行考试。其报名手续，考试项目等，另详招生简章。

在储备人才的时候，即应就一地方试行乡村建设；这有两层用意：

一是训练学生不徒在口耳之间，更有实地练习试做之资。

一是以此为各县乡村建设的示范；以此为本省乡村建设的起点。

故此特由本院请省政府指定一县为本院之试验县区。此试验县区的条件，要以地点比较适中，县分不过大，不甚苦而亦非富庶，不太冲繁，而交通又非甚不便者为合适。现已奉省政府指定，在离胶济路周村站三十余里之邹平县。照本院组织大纲规定，本院院址应即设置于此；并以该县县长兼本院试验县区主任。县长人选亦经发表；将来尚须成立一委员会，以为设计进行之机关。

又在训练上为学生实地练习之资，在乡村建设上为各地示范者，尚有本院农场。农场场址亦随本院置于试验区内。举办之初，规模有限；必须应于实际需要次第扩充之。例如棉业试验，牲畜试验，蚕桑试验，或若其他，审其为地方所切需，陆续添办。或商请省政府农矿厅举办，协同进行。我们总希望有个可以为试验县区及第一区其他廿六县，农业技术改良上之一研究指导机关的农场。

然我们对于建设进行，颇主张先侧重经济上种种合作；其确实计画，此时尚不能言。我们将先举行两个调查工作：一、试验县区的农村经济调查；二、第一区其他廿六县的农村经济调查，前一调查工作，有训练部的本县学生四十人为助，当易进行。后一调查工作，拟向省政府请款举办。必此两调查办完，如何建设，方有计画好商量。

至若建设的实施，在第一届学生训练期间，所可着手者只限于试验县区；在第一届学生结业回乡服务时，其他廿六县始能着手。训练部各县学生回乡如何服务，与各县建设实施从何着手，殆为一个问题。本院于此，有两种策画。假使各该县政府秉承省政府命令，于此乡村建设之事从上面有所兴举（例如县农场，县农民银行，县自治筹备事宜，县办民众教育等类），自应照本院学则所规定，分派各地方或发交本县服务；其所着手之事，即因所兴举而定。假使上面机缘不好，或政府未暇兴举，或徒有名目难期实益，则各该学生应各回乡里，在本院指导之下，自行办理一种"乡农学校"为宜。此种"乡农学校"的办法，随宜解决当地问题，俾信用渐孚，事业自举；其详须得另陈。

　　总之，事属创举，须一面试做，一面规划，有难于预定者；待第一届办过后，当可开出些道路来。

本院之组织

（附：修正本院组织大纲、修正本院组织系统表、
本院第一分院组织大纲、本院总务处办事细则）

民国二十年春本院筹备期间，奉山东省政府颁定组织大纲，即遵照组织成立。三年以来因工作之扩展，事实之推移，于原有组织多所变更，历次呈准有案。至本年七月更将于菏泽添设分院，乃将原组织大纲应行增改各点，一体修正完善，呈请省政府核准公布施行。计修正之点有六：

一、原案规定邹平县为本院试验县区；修正案适用县政建设实验区办法，由省政府指定一县至数县为县政建设实验区，兼乡村建设实验区。

二、于原组织外增设院务办公处秘书一员，并于总务处增一稽核股。

三、原案无分院之规定；修正案于必要时得设分院。

四、原案有院医一人；修正案改设医院，置主任一人、医士二人、看护二人、练习生若干人，除办理本院医药卫生事宜外，兼指导乡村公共卫生。

五、于原案增设乡村服务指导处，置巡回指导员二人至四人，指导本院学生在实验区以外之乡村服务事宜。

六、于原案各部处各股农场等之事务员额减少，另增练习员多名，以培养新进人才。

现在组织，具见修正本院组织大纲如后。从上比较，原有组织亦可概见。

附1：修正本院组织大纲

第一条　本院直隶于山东省政府，定名为"山东乡村建设研究院"。

第二条　本院研究乡村自治及一切乡村建设问题，并培养乡村自治及乡村服务人材，以期指导本省乡村建设之完成。

第三条　本院设院长、副院长各一人，由省政府任用之。院长主持全改事务，副院长襄助院长处理事务。院长因事不能执行职务时，由副院长代理之。

第四条　本院设乡村建设研究部，及乡村服务人训练部；每部设主任一人，商承院长副院长指导各该部学生作业事宜。

第五条　本院各部学生分班教学；每班设班主任一人，襄助部主任指导学生之学行试验及实习。

第六条　本院适用内政部呈奉国民政府行政院核准颁布之之各省设立县政建设实验区办法，由省政府指定一县至数县为县政建设实验区兼乡村建设实验区。院址即设于实验区内。

县政建设实验区于必要时得设区长官一人组织区公署，受省政府及本院之监督指导，总揽全区行政事务。县设县长一人受省政府本院暨区长官之监督指导，总揽全县行政事务。

实验区区长官公署暨县政府之组织章程，另订之。

第七条　本院于必要时，得设分院。其组织章程另订之。

第八条　本院设总务处，置主任一人，商承院长副院长督饬本处事务人员分下列各股办事：

一、文书股　二、稽核股　三、会计股　四、庶务股　五、注册股　六、出版股

总务处各股各设股长一人，事务员、练习员、录事若干人。办

事细则另订之。

第九条　本院设农场，置主任一人，技士二人至四人，事务员三人，练习员若干人，主任商承院长副院长掌理全场场务，技士暨事务员练习员秉承主任分任技术并管理场内一切事宜。其办事细则另订之。

农场主任及各技士，均兼本院教员负责指导学生作业及农业推广之责。

第十条　本院设医院，置主任一人，医士二人，护士二人，练习生若干人，商承院长副院长办理本院医药卫生兼指导实验区乡村公共卫生事宜。其办事细则另订之。

医院主任及医士，均兼本院教员，负指导学生作业之责。

第十一条　本院设社会调查部，置主任一人，调查员二人，练习员若干人，秉承院长副院长办理社会调查事宜。

调查部主任及调查员，均兼本院教员，负指导学生作业之责。

第十二条　本院研究训练两部，除各部处主任、医院农场主任均兼任教员外，得聘专科教员若干人，军事训练主任一人，军事教官二人。

第十三条　本院设乡村服务指导处，置主任一人，巡回指导员二人至四人，指导本院学生在乡服务事宜。其办事细则另定之。

指导处主任，由院长就副院长、研究部主任、训练部主任，指定一人兼任之。

第十四条　本院设图书馆，置主任一人，事务员录事各一人，管理本院图书事宜。其办事细则另定之。

第十五条　本院为商榷院务，特设院务会议，为院长副院长咨询机关。以院长副院长，各部处主任，区长官，县长，及院长特约之教职人员二人至五人，组织之。

第十六条　本院为联络本院各部处及实验区各县公务进行，设院务办公处，置秘书一人，办理院长副院长交办事件。

第十七条　本院关于实验设备技术及各种实验事业，于必要时得与其他学术团体商订合作办法。

前项合作办法，应向省政府呈准备案。

第十八条　本院各部处及图书馆农场医院主任与教员由院长副院长聘任之，事务人员由院长副院长委用之。

第十九条　本组织大纲如有未尽事宜，得虽请省政府修正之。

第二十条　本组织大纲自山东省政府核准公布之日施行。

附2：修正本院组织系统表

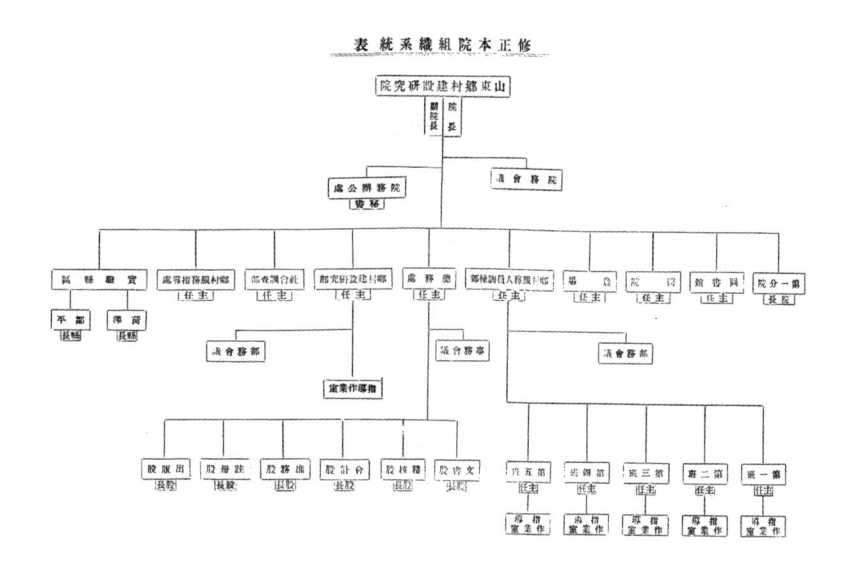

（修正本院组织系统表图示：山东乡村建设研究院，院长、副院长；下设秘书院长办公处、院务会议；再下分设鸭县长、荷泽县长、乡村服务指导处（主任）、合作社调查部（主任）、乡村建设研究部（主任）、总务处（主任）、乡村人员训练部（主任）、农场（主任）、图书馆（主任）、第一分院（院长）等机构；部务会议、指导乡作业，下分文书股、总务股、会计股、出版股、注册股、出版股等；第一、二、三、四、五区，各区主任，作业指导等。）

附3：本院第一分院组织大纲

第一条　本院依据山东乡村建设研究院组织大纲第七条之规定，设立"山东乡村建设研究院第一分院"。

第二条　分院院址设于菏泽实验县。

第三条　分院设分院长一人，由院长荐请、省政府任用之，秉承院长，主持分院院务。

第四条　分院设教育长一人，商承分院院长办理教务总务事宜，由分院院长聘任，呈报本院备案。

第五条　分院暂设乡村服务人员训练部三班，有必要时并得酌设各种班次。训练部之学则课程，俱遵照本院之规定办理。

第六条　分院暂置班主任三人，教员三人至五人，军事主任一人，军事教练员三人，商承分院院长教育长分任教导各班学生作业事宜。

第七条　分院置教务员二人，分任注册及其他教务事宜；事务员四人，录事四人，分任庶务会计文书等事宜：俱由分院院长任用之。

第八条　分院得设农事试验场。在未设立前，暂假菏泽实验县县有农场为试验之用。

第九条　分院置图书馆，设管理员一人，由分院院长委任之。

第十条　分院得设分院院务会议，商讨院务之进行；由分院院长、教育长各班主任及特约之教员一人至三人组织之。其会议规程另订之。

第十一条　本组织大纲如有未尽事宜，得由本院呈明省政府修正之。

第十二条　本组织大纲自呈请省政府批准公布之日施行。

附4：本院总务处办事细则

第一章　总纲

第一条　本细则依据修正本院组织大纲第八条之规定，制定之。

第二条　本处秉承院长副院长之命处理应办事务。

第二章　职掌

第三条　总务主任之职掌如下：

一、主管本处全部事务，并分配本处各职员工作事项。

二、掌管本处职员考勤事项。

三、审核本院经临各费簿计及册报事项。

四、审核本院各部场馆医院暨分院实验县之款项收支及册报事项。

五、审核本院各部处场馆医院等处领用器具物品事项。

六、负责办理本院交代事项。

七、院长副院长临时交派及与各部处等随时接治办理事项。

第四条　本处设文书、稽核、会计、庶务、注册、出版等六股，每股各置股长一人，事务员、练习员、录事若干人。

第五条　文书股职掌如下：

一、关于撰拟各项规程及文稿事项。

二、关于文件之收发及缮校事项。

三、关于保管文卷事项。

四、关于译电事项。

五、关于院务会议纪缘事项。

六、临时交办事项。

第六条　稽核股职掌如下：

一、关于稽核分院暨实验区县政府财政收支册报事项。

二、关于稽核分院暨实验区县政府工作进行事项。

三、临时交办事项。

第七条　会计股职掌如下：

一、关于本院经临各费及一切款项保管收支记账核算事项。

二、关于编制本院预算计算决算书类事项。

三、撰拟关系款项请领报销性质之文稿事项。

四、典守印信事项。

五、临时交办事项。

第八条　庶务股职掌如下：

一、关于购置及发付用具物品事项。

二、关于保管及支配全院用具物品事项。

三、关于修缮建筑之设计监督事项。

四、关于招待来宾事项。

五、关于全院卫生清洁事项。

六、关于全院灯火门户锁钥防卫事项。

七、关于考察指挥训练勤务事项。

八、关于付印讲义及一切印刷品事项。

九、临时交办事项。

第九条　注册股职掌如下：

一、关于学籍及其相关各事项。

二、关于协助研究训练两部办理招考新生事项。

三、关于学生成绩之登记保管及其相关各事项。

四、关于学生作业之场地时间支配事项。

五、关于讲义教材之分发保管事项。

六、关于学生修业结业证书之颁发及保管事项。

七、关于教职员学生请假缺席之登记检查事项。

八、关于研究训练两部教务上应行协助之事项。

九、关于本院法规章则图表刊物之登记事项。

十、关于本院各部处暨分院实验县区工作报告之登记事项。

十一、关于结业生工作状况之调查及工作报告之保管事项。

十二、关于注册登记调查相关之文件表册撰拟事项。

十三、临时交办事项。

第十条　出版股之职掌如下：

一、关于本院各种刊物之编辑校对付印发行事项。

二、关于发行或交换刊物之文件撰拟事项。

三、关于各种刊物之登记保管及册报事项。

四、临时交办事项。

第三章　职权及责任

第十一条　总务主任因公离院或因事请假时，应请院长指派一人代行其职务。

第十二条 各股遇有事务殷繁需人助理时，总务主任可酌商他股股长指调人员协助之。

第十三条 本处职员对于一切文件在未发以前不得泄露宣布。

第十四条 急要事件各部主任或秘书可直接主管各股接洽办理，各股应将办理事件随时报告总务主任。通常事件，统由总务主任支配各股办理。

第十五条 各股普通文卷可随时互相调阅，重要文卷须经总务主任许可后，始能调阅。

第十六条 会计股开支款项须奉有院长副院长手谕，或经由总务主任批明准发后，始准发付。

第十七条 庶务股发付物品以领用物品单为凭。前项领用物品单须由各部处等负责人盖章送总务主任核明签章后，方为有效（有急要用途须先发付者，发后仍应补办手续）。

第十八条 出版股对于保管本院出版之各种刊物，非经院长、副院长、总务主任或秘书批明准发者，不得发给。其寄赠各处者，照核定文稿寄发。

第十九条 各股经管事项，每届月终应将经管事项汇列书册报告总务主任，汇转院长副院长核阅。其报告程式，由总务主任随时规定之。

第二十条 图书馆农场指导处医院研究训练调查各部，遇有添购图书仪器品、制造用具等事项，须会商总务主任或面呈院长许可后，由院长或总务主任交主管人员办理。

第四章 文件之处理

第二十一条 凡文件到院封面未书明机密或亲拆字样者，统由文书股拆封，摘由登簿送院长副院长总务主任阅后，由秘书分发各部处股办理。

第二十二条 各部处股收到分发文件，随到随办，不得积压。

第二十三条　各部处股拟就文稿，由拟稿人员署名送各该主任或股长核明盖章登入送稿簿，再送总务主任秘书核阅盖章，送院长副院长判行。

第二十四条　文稿判行后，交由文书股缮签校对登入送印簿，送由会计股钤盖印信。

第二十五条　会计股收到送印文件，即于文件及原稿上钤盖印信送还文书股。如须院长盖章者，由文书股于封发前送院长盖章。

第二十六条　文书股将钤盖印章文件分别摘由登入发文簿，粘好封口，分别送达或投邮。

第二十七条　文书股将公文发出后，应速将原稿归档。如系其他部股撰拟，主管者应送还原主管部股归档。

第二十八条　文书股收到封面书明机密或亲拆字样之文件，应立即送呈院长或交秘书拆封。

第二十九条　院长副院长交办之紧急文件，由秘书注明签稿并送字样者，可先行印发后，再补登各项手续。

第五章　办公时间

第三十条　本处职员应按照本院公共生活秩序表所定办公时间办公，概无寒假暑假及其他一切例假。

第三十一条　本处职员因故不能办公时，须声叙事由商同各该股股长许可后，呈请院长副院长核给短假。

第六章　附则

第三十二条　本细则如有未尽事宜，得提交院务会议议决修正之。

第三十三条　本细则自院务会议议决之日施行。

本院之经费

（附：本院经费分配比较表、
本院经费分配百分比例图）

本院经费一项，系由省政府财政厅按月发给（如有临时事项，另行请领临时费）。自二十年度起，全年经常费为十万零七千五百八十元。二十一年度第一届训练部学生结业，各回本县组织民众学校，奉省政府令增加巡回导师巡回指导各生工作，本院经费因略有增加，年支十一万七千七百八十元。二十二年三月，省府划邹平菏泽两县为本院县政建设实验区，此后本院职权事务，较前变更，经费支付又较前增加，计二十二年度为十二万零九百元。至二十三年四月呈奉，省政府核准于本院实验区菏泽县设立第一分院，所有菏泽附近未经训练之十四县学生归分院训练，另编分院二十三年度概算，列数为三万零三百元（现尚未奉核定）。本院则虽因添设医院、扩充农场，然为节省经费计，除划出之学生膳费一部归分院预算外，复经减列其他各项，计二十三年度概算列支洋十一万六千七百元（现亦未奉核定）。兹将二十年度至二十二年度三年来之经费概况，列为图表，比较如下：

附1　本院民国二十年度至二十二年度经费分配比较表

科目		年度			备考
		二十年	二十一年	二十二年	
俸给费	俸薪	50664	57504	59520	
	工资	2640	2640	3024	
办公费	文具	2760	3360	3360	
	邮电	720	720	960	
	消耗	4200	5400	5760	
	印刷	9600	10200	10200	
	租赁		480	480	
	修缮	1896	1896	1896	
	旅费	2400	4560	4080	
	杂支	2880	1200	1200	
购置费	器具	1800	1800	1800	
	图书	2400	2400	2400	
特别费	学生膳费	19200	19200	19200	
	学生津贴	3600	3600	3600	
	学术研究费	2820	2820	2820	
	招待费			600	
合计		107580	117780	120900	

（金额以元为单位）

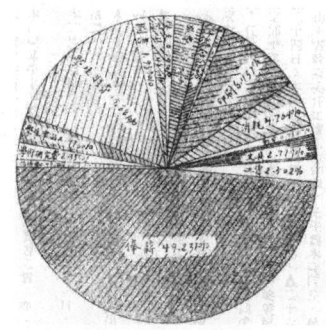

附2　山东乡村建设研究院民国二十二年度经费分配百分比例图

民国二十三年五月　日绘制

本院大事记

二十年

三月□日：山东省政府委任梁耀祖（仲华）先生为本院院长，孙则让（廉泉）先生为副院长。二十四日：本院设筹备处于济南实业厅内。二十六日：省政府根据本院组织大纲划定邹平为本院试验县区。三十日：本院荐委梁秉锟先生为邹平县长兼本院试验县区主任。同时委派总务主任叶云表（剑星）先生会同梁主任就邹平东关购置及建筑本院院舍。

五月二十八日：本院奉省令就旧济南道属邹平等二十七县考取乡村服务人员训练部学生二百六十二人，就山东全省考取乡村建设研究部学生二十九人。

六月十五日：本院筹备处结束，改设驻省办公处。十六日：本院两部新生入学，举行开学典礼，开始授课。

九月一日：本院举办试验县区乡村教师假期讲习班，以全县小学教师约四百人分两期举行，每期讲习期间为四星期。

十月二十五日：本院开农品展览会；会期原定三日，后又展期一日。到会参观民众，统计四万余人。

十一月日：本院两部学生下乡实习，教员负指导实习之责，亦一同下乡；师生在乡工作者三百余人，成立乡农学校九十余处。

二十一年

一月二十五日：本院邹平试验县区主任梁秉锟先生辞职，朱桂山先生继任。

三月日：本院师生下乡实习者，回院开课，继续教授未了各科，并讨论在乡工作所遇问题之解决办法。

六月七日：本院第一届训练部学生赴济南举行结业典礼，并赴青岛参观旅行。十九日：本院邹平试验县区主任朱桂山先生辞职，徐树人先生继任。

七月五日：本院根据省令就鲁西鲁南四十一县招取乡村服务人员训练部第二届学生二百八十人。十八日：省府颁发本院第一届训练部学生结业后办理民众学校通则及补助金办法，并得担任指定区区长等令文。

八月十三日：本院乡村服务人员训练部第二届新生入学举行开学典礼，开始授课。

九月十四日：本院院务会议，议决成立乡村服务指导处，所有前奉令增添巡回导师四人，即担任指导历城等二十六县同学在乡服务。

十月二十五日：本院开第二届农品展览会，会期三日、到会参观民众，统计五万余人。

二十二年

一月十五日：本院全体学生各回本县作社会调查，限期二十日一律返院。

三月三日：本院奉省政府令发山东县政建设研究院实验区条例及实验区条例实施办法等令文，并明令本院适用前项条例办法等勿庸变更原有名称（乡村建设研究院）、划菏泽为实验区以孙则让

（廉泉）先生署县长。十五日：本院奉省政府令划邹平为实验区。同日：省政府委任王绍常先生为本院副院长。三十日：本院呈以四五六三个月为邹平菏泽两实验县县政建设筹备期间，积极筹备。

四月二十八日：本院呈奉省政府任命王怡柯（柄程）先生为县政建设实验区邹平县长。

五月九日：本院第二届训练部学生分赴菏泽邹平两实验区实习。

六月二十日：本院乡村建设研究部第一届学生举行结业典礼。

七月一日：本院两实验县区筹备期满，开始实验工作。十四日：全国乡村工作讨论会在本院开第一次大会。

十月一日：本院第一任院长梁仲华先生辞职，第二任院长梁漱溟先生接任视事。八日：梁院长召集全体职教员报告院长更替经过，及将来兴革事宜。三十日：本院第二届训练部学生举行结业典礼。

二十三年

一月一日：本院开办乡村建设讲习会，讲习期间为四个月。

二月八日：梁院长因病请假两月，院务暂由王副院长代理，讲习会停。

三月五日：省政府拨济南辛庄地六百亩为本院扩充农场之用。

四月九日：本院为提倡农产制造，特在邹平实验区设立酱油制造厂，聘请中央大学金贵湜先生主理技术事务。十八日：本院呈准省府修正本院组织大纲。二十三日：梁院长病愈返院，照常视事。二十八日：本院应事实之需要，呈准省府于菏泽实验区设立第一分院。

七月一日：本院邹平实验县区县长王怡柯先生因事请假两月，县长职务暂由梁院长兼代。同日：本院呈准省府自二十三年度邹平菏泽两实验区实行变更县行政组织，及经费预算保留省地方收入百分之三十充作实验之用。二日：本院根据省令招取乡村建设研究部第二届学生十四人，就鲁东鲁北四十县招取乡村服务人员训练部第三届学生二百三十四人，自费生九十五人。六日：省府明令本院附设乡村自卫干部训练班，凡山东警校毕业学员之在各县候差实习者，一律调赴本院第一分院听受训练；训练期间为四个月。二十日：本院菏泽实验区举办乡村教师讲习班，就全县小学教员招取六百余人，由本院导师济云先生等主理其事；讲习期间，为四个月。三十日：本院第二届研究部学生，第三届训练部学生，十四日入学、二十日开始授课，今日补行开学典礼。

本院学则及课程

(附：两部课程时数分配)

第一章　部别班级

第一条　本院依组织大纲第三条之规定，分设乡村建设研究部、乡村服务人员训练部两部。

第二条　乡村建设研究部以修满二年为结业期限、乡村服务人员训练部以修满一年为结业期限。

但研究部学生于修业期间提出研究论文，经部主任及导师评定合格，请由院长核准者，得予提前结业。

第三条　乡村建设研究部学生以三十名为一班，乡村服务人员训练部以四十名为一班，于入学时编定其班级。

第二章　入学及甄别

第四条　乡村建设研究部以大学专门毕业，或具同等学力者，经本院取录为入学资格；乡村服务人员训练部以初级中学毕业，或具同等学力者，经本院取录为入学资格。其入学试验科目及报名手续等，均在期前一月宣布之。

第五条　本院得应外间请求，酌收外省自备资斧前来附学者，经本院考试及格后准其入学。但名额不得逾本院学生十分之一。

第六条　本院学生在修业期间，本院得随时就其资性体质思想行为加以甄别而去留之。

第三章　在学待遇及结业服务

第七条　本院学生除前第五条所规定外省附学者外，一律由院供给膳宿，并每年发给单棉制服各一套。其研究部学生并给予每月津贴十元。

第八条　本院教学注重讨论研究及实习。其各科间有提要纲目等，由院编印发给，不征讲义费外，所有参考书籍笔墨纸张等，概归学生自备。

第九条　乡村服务人员训练部学生修业期满，经本院准予结业后，由本院呈请省政府分派各地方或发交各本县服务。其乡村建设研究部学生除酌留本院服务外，余由本院呈请省政府录用。各结业学生服务情形每月须向本院作详细报告，以便考验其成绩并随时为之指导。

第十条　本院期在培养实地服务人才，凡学生结业必须具有解决乡村各种问题之知识能力及勤劳奋勉之精神。其有修业期满而不足以副此者，本院得缓予结业。

第十一条　本院结业学生分派服务后，如有自行他就者，应追偿其修业期间膳宿服装各费。

第十二条　本院学生未经结业中途自请退学者，或因故被开除学籍者，应追偿其修业期间膳宿服装各费。

第四章　院内公共生活秩序

第十三条　本院教职员学生均应遵守本院所厘订公共生活秩序。

第十四条　本院概无寒暑假期及其他一切假例之规定。但遇国庆日及其他纪念日，仍应举行纪念仪式，由总务处先期公布之。

第十五条　每日生活依昼作夜息分为二大段——自早五时起迄晚八时五十分止为昼作段，晚八时五十分至翌早五时为夜息段。届昼作段鸣钟起床，届夜息段鸣钟休息，不得后时。

前项起床休息之规定，于每年一月二月及十一月十二月四个月内，均各延迟一时——即以早六时鸣钟起床，晚九时五十分鸣钟休息。

第十六条　起床后二十分钟为盥漱时间，随即在礼堂举行朝会，鸣钟齐集，不得后时。

朝会规定三十分钟。自院长以次，各教职员有诰诚勖勉于同人及学生者，于此致词；总务处及各部馆场有应提示或报告于众者，于此致词。时间不足，得延长之。

第十七条　朝会后在体育场习健身拳术三十分钟。教职员有不愿参列者，得预先声明；既经参列，应逐日到场。学生一律学习，不得有异。

第十八条　习拳术后二十分钟，在食堂早餐。午餐应定在十二时至一时之间，晚餐应定在晚五时至六时之间。

第十九条　自早餐迄午餐，自午餐至晚餐，应各划定三小时；自晚餐迄夜息，应划定两小时：共八小时，为主任或教员指导学生作业时间。由院长会商各部主任，依第六章课程之规定，编制各该部功课表公布之。

第二十条　每日晚餐后以二十分为院内各庭舍洒扫清洁时间。分划区域，配定学生人数，同时行之。

第二十一条　每日晚间作业之余，夜息之前，由各部班主任指导学生各作日记，并为阅订，及次日写作日记前发还之。

第二十二条　自早起迄夜息，应有一日公共生活时序表：由院长会商各部主任依据十五条至二十一条各规定，视节候所宜，教学所便，排定钟点公表之。

第二十三条　自院长以次，各教职员有因病因事于公共生活秩序不能遵行，或于功课表排定功课缺席者，应于事前向总务处声明请假。

第二十四条　各部学生有因病因事于公共生活不能遵行，或于功课表排定功课缺席者，应于事前向各该部主任请假。但必以下列条件为限：

一、因病者，须先经医师诊断认为有假息之必要。

二、因事者，须亲丧等特别事故，经该部主任讯问明白后之认许。

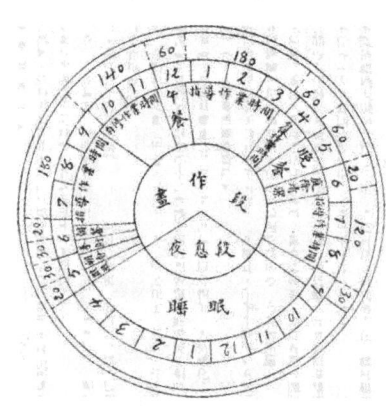

院内公共生活秩序图

第五章　部班主任制

第二十五条　本院依组织大纲第五条之规定，置乡村建设研究部主任，乡村服务人员训练部主任各一人。其训练部各班，并置班主任各一人。

第二十六条　各部班主任对于各该部班学生之身心各方面活动，皆负有指导照管之责。凡学生精神之陶炼、学识之培益，身体之保育锻炼等，固自有学科课程分别作业，分别训练，但必得部班主任之指导照管为中心，乃有所系属。

第二十七条　各部班主任应与各该部学生同起居、共饮食。除学生课业别有教员指导不定须参加外；皆以时常聚处为原则。

第二十八条　各部班主任对于学生之教导，要在能事事以身作则，人格感化之。

第二十九条　各部班主任对于各该部学生之性情资质思想习惯家庭环境等须时加体察而了解之，以为设计施教之所资。又依第二十一条之规定，部班主任应逐日查阅学生日记而批改之。

第三十条　各部主任对于各该部课程之订定，科目之增损，教材之选择，教学之方法，及教育上之设备等，得提出意见或计划于正副院长筹议进行。其问题较小或不涉变更成案者，得随时召开各该部部务会议商决之。

第三十一条　各部班主任指导学生在本院许可范围内成立各该部学生自治团进行自治。凡经本院划归该部自行办理之教务庶务卫生等事，及指定之该部指导作业室宿舍庭除等，均得在各该部主任指导监督之下自行料理之。

第三十二条　本院学生学行成绩，注重平时考核，并得举行定期书面试验。其考核之总评定，以各该部主任所评定者占半数，以各学科教员所评定之汇合平均数占半数。

第三十三条　前第六条之规定，本院学生在修业期间，本院得随时就其资性体质思想行为加以甄别而去留之。其甄别之法，以各该部主任所具评定报告经院长副院长参取各教员意见复核而定之。

第六章　课程概要

第三十四条　本院教育以注意实际问题，养成服务能力为主。所有课程概不出：（一）各种实际问题之讨论研究及其实习试做；（二）为解决或应付实际问题所必要之知识技能之指授训练；（三）实际服务之精神陶炼。

第三十五条　乡村建设研究部之作业课程，大别为两类如次：

甲、基本研究：党义，社会进化史，乡村建设理论，军事训练等目。

乙、专科研究：农村经济，农业改良，产业合作，乡村自治，乡村教育，乡村自卫，及其他等目。

第三十六条　乡村服务人员训练部之作业课程，大别分为五部如次：

甲、党义之研究；概括三民主义，建国大纲，建国方略，及其他等目。

乙、乡村服务人才之精神陶炼。

丙、村民自卫之常识及技能之训练；概括自卫问题研究，军事训练，拳术，及其他等目。

丁、乡村经济方面之问题研究；概括经济学大意，农村经济，信用生产消费各项合作，簿记，社会调查及统计，农业常识及技术，农产制造，水利，造林，及其他等目。

戊、农村政治方面之问题研究，概括政治学大意，现行法令，公文程式，乡村自治组织，乡村教育，户籍土地各登记，公安，卫生，筑路，风俗改良，及其他等目。

第三十七条　乡村建设研究部之作业课程，第一类基本研究为该部学生所必修，第二类专科研究经该部主任之认可，得由学生自行认选一科或数科。

第三十八条　各科作业课程，其研习之先后次第，及各科在每周应配置之时间，与关于研究实习时之分配，均由院长会商各部主任及教员斟酌排定之。

第三十九条　本院学生关于在试验区应办社会调查，乡村自卫，合作事业，指导巡回讲演，试验小学，教育推广，及各种乡村事业之改进运动，由部班主任、试验区主任、各教员及学生成立本部指导作业室，依各该部课表指导学生作业。其详细规则另定之。

第四十条　各教员指导学生作业时，得约请其他教员或各该部班主任一同参预之。于必要时并得于课表规定其参加。

第四十一条　本学则课程如有未尽事宜，得由院长提出院务会议修改之。

第四十二条　本学则课程自山东省政府核准备案之日施行。

修正学则及课程

第一章　部别班级

第一条　本院依据修正本院组织大纲第四条之规定，分设乡村建设研究部，乡村服务人员训练部两部。

第二条　乡村建设研究部暨乡村服务人员训练部，均以修满一年为结业期限。

但研究部学生于入学修业半年后提出研究论文，经部主任及导师评定合格，请由院长核准者，得予提前结业。

第三条　乡村建村研究部学生以十五名至三十名为一班，乡村服务人员训练部以三十名至六十名为一班，于入学时编定其班级。

第四条　训练部学生于必要时得指定数班在分院训练；其训练方法，均依照本学则及课程办理。

第二章　入学及甄别

第五条　乡村建设研究部以曾在大学或专科学校毕业，持有证书者，经本院取录为入学资格；乡村服务人员训练部以曾在中等学校毕业持有证书者，经本院取录为入学资格。其入学试验科目及报名手续等均在期前一个月宣布之。

第六条　本院得应外间请求，于研究训练两部酌收自费生。凡愿自备资斧前来附学者，经本院考试及格后准其入学。各部招收名额（或只招收一部），由本院在招生简章内规定于招生前公布之。

第七条　本院学生在修业期间，本院得随时就其资性体质思想行为加以甄别而去留之。在分院训练者，由分院甄别去留，呈报本院核定。

第三章　在学待遇及结业服务

第八条　本院研究训练两部正额学生，一律由院供给膳宿、每年发给单棉制服各一套。其研究部正额学生并给与每月津贴二十元。

第九条　本院教学注重讨论研究及实习。其各科间有提要纲目等由院编印发给，不征讲义费外，所有参考书籍笔墨纸张等，概归学生自备。

第十条　乡村服务人员训练部学生修业期满，经本院准予结业后，成绩优良者，得由本院指派或介绍本省地方各机关服务。其乡村建设研究部学生除酌留本院服务外，余由本院呈请省政府酌量录用。各结业学生服务情形每月须向本院作详细报告，以便考验其成绩并随时为之指导。

第十一条　本院期在培养实地服务人才，凡学生结业必须具有解决乡村各种问题之知识能力及勤劳奋勉之精神。其有修业期满而不足以副此者，本院得缓予结业。

第十二条　本院各部于结业前得由本院酌量情形指定地点派赴乡间实习。如在修业期满后派出实习，其实习日期至多不得逾三个月。实习期间之待遇与修业期间同。

第十三条　本院学生未经结业中途自请退学者，或因故被开除学籍者，应追偿其修业期间膳宿服装各费。

第四章　院内公共生活秩序

第十四条　本院暨分院教职员学生均应遵守本院所厘订之公共生活秩序。其秩序表视节候所宜、教学所便，经院务会议议决公布之。

第十五条　本院概无寒暑假期及其他一切例假之规定。但遇国庆日及其他纪念日，仍应举行纪念仪式。

第十六条　每日生活依昼作夜息分为二大段——自早五时起迄晚八时五十分止为昼作段，晚八时五十分至翌早五时为夜息段，届昼作段鸣钟起床，届夜息段鸣钟休息，不得后时。

前项起床休息之规定，于每年一月二月及十一月十二月四个月内，均各延迟一时——即以早六时鸣钟起床，晚九时五十分鸣钟休息。

第十七条　起床二十分钟为盥漱时间，随即举行朝会，鸣钟齐集，不得后时。

朝会规定三十分钟。自院长以次，各职员有诰诫勖勉于同人及学生者，于此致词；总部处有应提示或报告于众者于此致词。时间不足，得延长之。

第十八条　朝会后习健身拳术。习拳术后二十分钟，在食堂早餐。午餐应定在十二时至一时之间，晚餐应定在晚五时至六时之间。

第十九条　自早餐迄午餐，自午餐至晚餐，应各划定三小时；自晚餐迄夜息，应划定两小时：共八小时为各班主任或教员指导学生作业时间。由院长会商分院长暨各班主任，依第六章课程之规定，编制各该部功课表公布之。

第二十条　每日晚间作业之余，夜息之前，由各部班主任指导学生各作日记，并为阅订，于次日写作日记前发还之。

第二十一条　各部班主任教职员等有因病因事于公共生活秩序不能遵行，或于功课表排定功课缺席者，应于事前声明请假。

第二十二条　各部学生有因病因事于公共生活不能遵行，或于功课表排定功课缺席者，应于事前向各该部主任请假。在分院者，应向分院长或教育长请假，但必以下列条件为限：

一、因病者，须先经医师诊断认为有假息之必要。

二、因事者，须婚丧等特别事故，经该部主任讯问明白后之认许。

第五章　部班主任制

第二十三条　本院依修正本院组织大纲第四第五各条之规定，置乡村建设研究部主任，乡村服务人员训练部主任各一人。其训练部各班，并置班主任各一人。

第二十四条　各部班主任对于各该部班学生之身心各方面活动，皆负有指导照管之责。凡学生精神之陶炼，学识之培益，身体之保育锻炼等，固自有学科课程分别作业，分别训练，但必得部班主任之指导照管为中心，乃有系属。

第二十五条　各部班主任应与各该部学生同起居，共饮食。除学生课业别有教员指导不定须参加外，皆以时常聚处为原则。

第二十六条　各部班主任对于学生之教导，要在能事事以身作则，人格感化之。

第二十七条　各部班主任对于各该部学生之性情资质思想习惯家庭环境等须时加体察而了解之，以为设计施教之所资。又依第二十条之规定，部班主任应逐日查阅学生日记而批改之。

第二十八条　各部主任对于各该部课程之订定，科目之增损，教材之选择，教学之方法，及教育上之设备等，得提出意见或计划于正副院长筹议进行。其问题较小或不涉变更成案者，得随时召开各该部部务会议商决之。

第二十九条　各部班主任指导学生在本院许可范围内成立各该部学生自治团进行自治。凡经本院划归该部自行办理之教务庶务卫生等事，及指定之该部指导作业室宿舍庭除等，均得在各该部主任指导监督下自行料理之。

第三十条　本院学生学行成绩，注重平时考核，并得举行定期书面试验。其考核之总评定，以各该部主任所评定者占半数，以各学科教员所评定之汇合平均数占半数。

第三十一条　前第七条之规定，本院学生在修业期间，本院得随时就其资性体质思想行为加以甄别而去留之。其甄别方法以各该部主任或分院教育长所具评定报告经院长副院长参取各教员意见复核决定之。

第六章　课程概要

第三十二条　本院教育以注意实际问题，养成服务能力为主。

所有课程概不出：（一）各种实际问题之讨论研究及其实习；（二）为解决或应付实际问题所必要之知识技能及训练；（三）实际服务之精神陶炼。

第三十三条　乡村建设研究部着重自动研究。除乡村建设理论为主要科目必须共同研习外，其余则按自己专长科目，继续研究之。

第三十四条　乡村服务人员训练部之作业课程，别为两类如次：

甲、普通训练：包含党义之研究，乡村建设方向之认识，乡村服务人才之精神陶炼，及乡村自卫常识及技能之训练。

乙、分组训练：约分乡村教育，产业合作，农业改良，乡村自卫，卫生医药，乡村礼俗等组。其各组应习科目另定之。

第三十五条各科作业课程，其研习之先后次第，及各科在每周应配置之时间，与关于研究实习时之分配，均由院长会商分院长暨各部主任教员斟酌排定之。

第三十六条　本院学生应注重实际工作之实习：如实验县区之社会调查，乡村自卫，合作事业，巡回演讲，教育推广及各种乡村事业之改进运动等，由部班主任各教员指导学生实地练习。其详细办法临时规定。

第三十七条　本学则课程如有未尽事宜，得由院长提出院务会议修改之。

第三十八条　本学则课程自呈请山东省政府核准备案之日施行。

附：两部课程时数分配

研究部课程无规定，由学生各就其曾习主要学科继续研究。第一届训练部课程全年时数分配如下：

1. 党义——五二小时

2. 乡村建设理论——五二小时

3. 乡村自治——五二小时

4. 乡村礼俗——一〇四小时

5. 农村经济——三九小时

6. 合作——一一七小时

7. 乡村教育——一〇四小时

8. 农村自卫——一〇四小时

9. 军事训练——三一二小时

10. 造林——五二小时

11. 农业常识——三六小时

12. 土壤肥料——九二小时

13. 应用文——五二小时

14. 社会调查及统计——一〇四小时

15. 畜种改良——四六小时

16. 病虫害——四六小时

17. 簿记——二六小时

18. 水利——九二小时

19. 农作改良——九二小时

20. 蚕桑——三九小时

21. 农家副业——五二小时

22. 现行法令——五二小时

第二届训练部课程，前半年与第一届同；后经部务会议议决，为增进教学效率便于研究功课起见，对于以前之教务分配、班次编制，重新划分改组，计分第一班为精神陶练教材研究组，第二班为自卫训练组，第三班为国学教材研究组，第四班为农村问题教材研究组，第五组为凿井训练组。任学生自由选定加入各组，切实求进，以期高深造诣。第二届研究部课程仍无规定，各就曾习主要学科继续研究。第三届训练部课程全年时数分配如下：

1. 党义——二〇小时

2. 精神陶练——八〇小时

3. 乡村建设理论——八〇小时

4. 实验县区办法——四〇小时

5. 军事训练——一二〇小时

6. 农村经济——四〇小时

7. 教育问题研究——一二〇小时

8. 实验区教育计划——四〇小时

9. 教育法——八〇小时

10. 应用文——五〇小时

11. 现行法令——五〇小时

12. 乡村教育——一〇〇小时

13. 调查统计——六〇小时

14. 专长科目教材教法研究——八〇小时

15. 教育实习——一二〇小时

16. 教育研究讨论——一一〇小时

17. 专题讲义——六〇小时

18. 合作——一二〇小时

19. 簿记——六〇小时

20. 珠算——六〇小时

21. 会计学——六〇小时

22. 实验区建设计划——四〇小时

23. 农业常识——六〇小时

24. 医药概论——六〇小时

25. 药物学——八〇小时

26. 病理学——八〇小时

27. 诊断学及其实习——一二〇小时

28. 公共卫生——六〇小时

29. 流行传染病之防治——五〇小时

30. 自卫研究——五〇小时

31. 军事训练——一二〇小时

32. 军事学——八〇小时

33. 拳术——六〇小时

34. 刀枪术——六〇小时

35. 军机学——五〇小时

36. 世界大势与各国军备之研究——四〇小时

37. 中国农业问题——六〇小时

38. 畜牧——九〇小时

39. 植棉或养蚕——六〇小时

40. 造林——六〇小时

41. 农村工艺——一〇〇小时

42. 合作社——四〇小时

上列课程自第一至十七为普通训练。后为分期训练，共分四组：合作组（包括第十八至二十三各科目），医药组（包括二十四至二十九各科目），自卫组（包括第三十至三十六各科目），农业问题组（包括第三十七至四十二各科目）。自今年（二十三年）七月至来年（二十四年）三月为普通训练期，自二月至六月为分组训练期。

本院乡村建设研究部概要

（附：研究部第一届结业学生服务调查表、入学时年龄比较图、学历比较图、家庭职业百分比较图）

乡村建设研究部研究生之招收，以曾受高等教育，对于乡村问题向曾注意者，为合格。正额生定三十名，以本省籍贯者为限。月给饭费五元，津贴十元。经本院考取后入学，研究期限为二年。其有外省藉学生志愿入学、程度相当者，收为附学生，不给饭费津贴，纯为自费，其研究期限与正额生同。第一届学生于二十年七月入学，计正额生三十名，附学生十名。二十二年六月结业，多半留在本院及实验县区服务。第二届新生经省府核准缓至本年（二十三年）六月招收。招生办法亦经省府核准略有修改：一、提高程度以曾在大学或专门学校毕业持有正式或临时证书者为合格；二、减少名额为十八名；三、提高待遇除饭费五元外津贴增加为二十元；四、缩短修业年限，改为半年至一年结业于修业期间提出研究论文经部主任及导师评定合格请由院长核准者即准予结业；五、不限省籍（但外籍学生不得逾全额三分之一），以期各方有志青年得以来院从学术上研究各种问题。研究部第二届学生，今年（二十三年）七月二十日入学，将来情形，容后续志。

△ 乡村建设研究部第一届结业学生服务调查表

姓名	职务	备考
刘殿魁	本院文书股事务员	
张象坤	邹平第十一乡辅导员	
毕耀东	莱芜第三区民众学校校长	
尹峻德	邹平第九乡村学教员	
阎若雨	博山第七区民众学校校长	
贾秋阳	邹平第一乡辅导员	
钱邦楷	邹平县政府第四科代理科长	
刘振乾	邹平第九乡辅导员	
陈以静	邹平县政府第四科技术员	
薛泽生	四川南泉乡村建设实验县教员	
张潜	教育厅乡村教育辅导委员会干事	
王湘岑	菏泽县宝镇乡乡农学校校长	
王梅生	邹平县学成年部主任	
宋乐颜	邹平县政府第五科县督学	
张敦先	邹平县学师范部主任	
李宪武	本院乡村服务指导处巡回指导员	
任善立	邹平县政府第四科技术员	
穆景元	本院稽核股事务员	
杨渤	本院文书股事务员	
公懋淇	邹平第五乡辅导员	
马靖宇	菏泽县乾元乡乡农学校校长	
李守文	邹平县政府第五科代理科长	
贾崇山	菏泽县都司乡乡农学校高级部主任	
王伯平	汶上县立师范讲习所所长	
范家祥	菏泽县政府农民贷款办事处干事	
张疏洸	邹平第三乡辅导员	

续表

姓名	职务	备考
李志纯	邹平第十一乡乡学教员	
李星三	四川南泉乡村建设实验区教员	
张汝钦	本院出版股编辑员	
王静如	四川涪陵乡村师范教员	外省附学生
郝心亮	邹平实验县区学师范部教员	外省附学生
侯思恭	本院出版股编辑员	

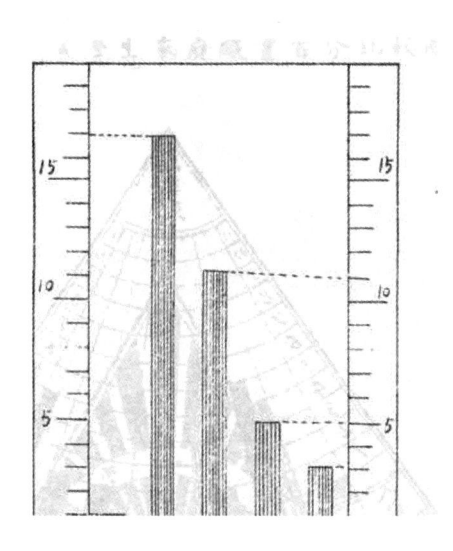

人数	1	17	11	5	3	人数
年龄	20岁以下	21—25	26—30	31—35	36岁以上	年龄

研究部第一届学生入学时年龄比较图

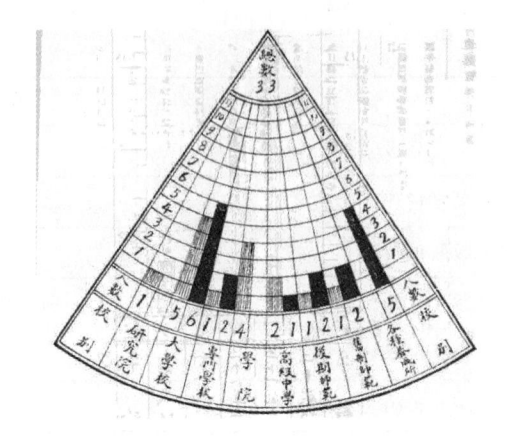

研究部第一届学生学历比较图

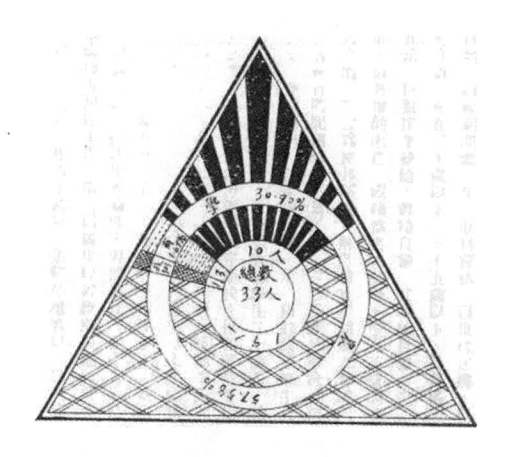

研究部第一届学生家庭职业百分比较图

乡村服务人员训练部概要

（附：训练部第一、二届学生入学时年龄比较图、
学历比较图、家庭职业百分比较图）

　　乡村服务人员训练部每期学额约三百名，训练期间为一年，取材资格，以世代居乡，现仍在乡居住、曾受初中教育或具有相当程度者，年龄在二十岁以上、三十五岁以下，为合格。经本院考取后入学，每人每月发给饭费五元，制服按季发给，书籍自备。其训练目标：（一）实际服务之精神陶炼——要打动他的心肝，鼓舞他的志趣，锻炼他吃苦耐劳、坚忍不拔的精神，尤其要紧的是教以谦抑宽和处己待人之道；（二）为使其认识了解各种实际问题之智识开益——非有一番开益其智识的功夫，则于各种实际问题恐尚不易了解；（三）为应付解决各种实际问题之技能上的指受——例如应用公文、合作簿记、自卫训练等。第一届训练部学生于二十年六月在旧济南道属二十七县中招收学生二百八十余人，又前后收附学生二十余人；于二十年七月入学开始训练。二十一年六月结业，各回本县地方办理民众学校或担任区长等职务。计二十七县除邹平不计外，□□（下缺）县学生二百八十余人，又附学生四十余人；于二十一年七月入学训练，二十二年六月分派邹平菏泽两实验县实习四个月，于十月底结业，除留院及两实验县服务外，其余回本县地方担任工作。第三届新生经省政府核准。缓至本年（二十三年）六月招收，为提高学生程度、增加工作效率起见，并经呈准省府，

第三届乡村服务人员训练部新生入学资格，以在初中高中毕业者为合格。并得依程度分别训练。鲁北鲁东四十县共招学生二百九十名，除鲁东二十六县学生一百九十名在本院训练外，鲁北十四县学生一百名归菏泽分院训练。此外并招收自费生（不限籍贯）一百三十名，本院五十名，菏泽八十名，训练办法与官费生同，训练部第三届学生□□（下缺）七月二十日入学，将来情形，容后续志。

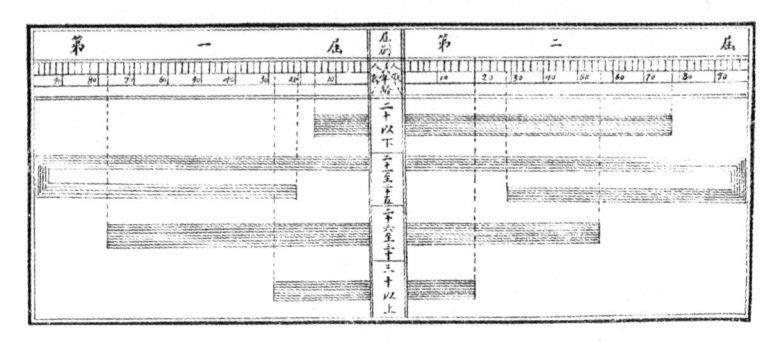

训练部第一二两届学生入学时年龄比较图

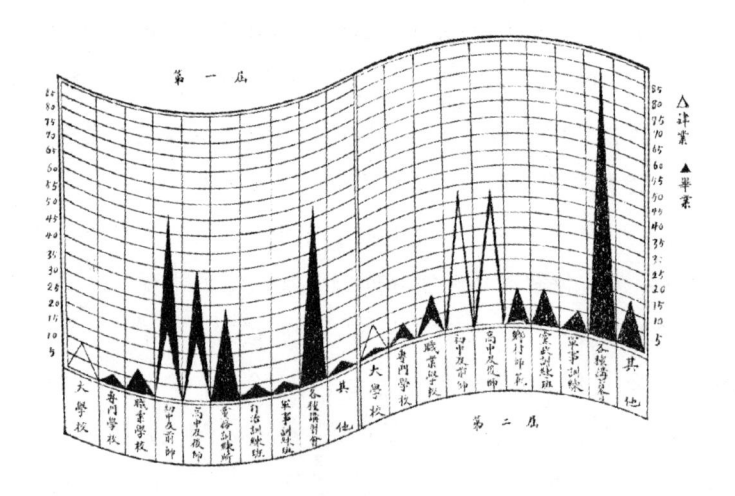

训练部第一二两届学生学历比较图

训练部第一二届学生家庭职业表

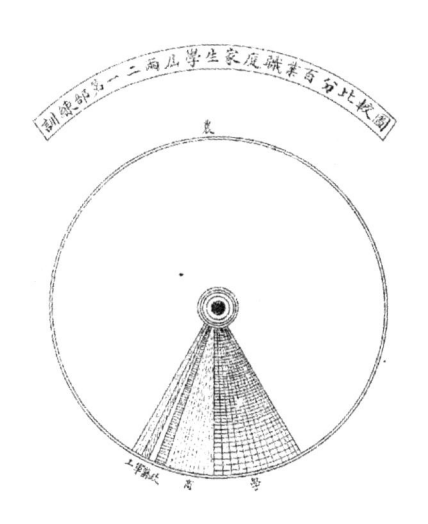

人数 届别 职业	第一届	第二届	合计	百分比
农	285	248	533	85.18
工	3	2	5	0.80
商	8	19	27	4.32
学	2	48	50	8.00
军	1	2	3	0.48
政	1	5	6	0.96
医	1	2	3	0.48
总计	301	326	627	100.00

训练部第一二届学生家庭职业百分比图

农场概要

（附：作物育种表，美棉育种成绩表，美棉推广概况表，美棉运销合作社进展概况表，机织合作社概况表，本场畜牧一览表，各种猪种试验成绩比较表，波兰支那纯种猪推广比较表，邹平改良猪种头数统计比较表，推广改良蚕种组织养蚕合作社进展概况表，蚕种制造概况表，黄金种蜂采蜜分群比较表）

本院农场于二十年六月间与本院同时开办，其组织：主任一人，技士二人，事务员三人，练习员无定额。其设备：租赁前外人所建筑之医院房屋六十余间为场址，全部面积二十余官亩，场内除办事房屋以外，尚可利用隙地作为饲养牛猪羊兔鸡蜂及各种园艺试验之用；并租用附近民地四十余官亩，试验各种作物育种。本院农场限于经费人才，一切颇难积极发展，自二十二年春间起，决定：本院农场专作育种及各种试验工作，以邹平实验县县有农场为繁殖苗木及棉麦种子之用。二十三年春间因改良美棉之推广已普及邹平全县，纯种不敷分配，乃在孟家坊村西租民地一百三十五官亩，专为繁殖美棉种子之用。兹将本院农场工作目标及重要事项略述如下：

（一）进行目标：在于改进农民生产技术、增加农业收入。其入手办法，注重于收集已经各地农业机关试验有效之品种作一度之地域试验，再将有效之结果以表证方法推广于当地农民。在推广方面，以适合于农民需要，并分区进行为原则；例如在邹平实验县内划一二三四五各乡为造林养蜂改良果木及改进蚕业区域，六七八九十十一十二十三各乡为棉业区域，推广本院农场试验有效之改良脱字美棉，并组织美棉运销合作社，又在十三乡提倡机织，改良土布，四五七八九十各乡提倡凿井等，皆以分区进行为原则。

（二）工作之经过：本院农场除作育种试验外，极注重于推广工作。曾于二十年十月间举行邹平全县农品展览会一次，复于二十一年十一月间征集旧济南道属历城等二十七县出品举行第二次农品展览会，两次均引起农民盛大欢迎；并随时举行关于改良农业之讲演多次。推广工作，关于推广脱字美棉最著成绩。棉花之品质等级经上海华商纱厂联合会评定，竟在久已著名之灵宝花以上，为国产之最优者；是项棉花在二十三年度推广已普及邹平全县。其次提倡造林亦有相当成绩；由本院农场指导邹平西南近山各乡组织林业公会，研究合作造林方法。本院农场又曾发明马拉抽水机一种，专为灌田之用，较旧式水车，费省效大。

本院农场工作详情，此不及述；其详具见本院出版之"乡村建设"旬刊所载农场每月每工作报告，及农品展览、棉业合作报告各专号。关于各项试验之成绩，另为表例后：

附1　　　　　　　最近三年作物育种表

（二十三年五月十五日统计）

年份	作物种类	试验名称	试验系数	升级系数	留级系数	淘汰系数	备注
二十一年	小麦	十杆行品种比较	28		13	15	因超过标准品种者只有一种故不升级
	小麦	穗行试验	3470	984		2486	
	高粱	穗行试验	1000	56		944	因下年地缺乏故严加淘汰

续表

年份	作物种类	试验名称	试验系数	升级系数	留级系数	淘汰系数	备注
二十一年	粟作	穗行试验	1230	88		1142	因下年地缺乏故严加淘汰
	大豆	高级品种比较	5		5		
	大豆	株行试验	150	16		134	因供试种子之来源，与高级品种比较试验的品系种相同，今年各种产量亦正相符合；故严加淘汰，而将一六系升入十杆行试验。
	脱字美棉	株行试验	83	20		63	
	脱字美棉及华棉	二区品种比较	8	4		4	
二十二年	小麦	十杆行品种比较	23				
	小麦	二杆行纯系育种	984				
	高粱	二杆行纯系育种	56	28		28	
	粟作	二杆行纯系育种	88	22		66	
	大豆	高级品种比较	15		4	11	
	大豆	十杆行纯系育种	16	2	14		
	脱字美棉	株行试验	48	9		39	

续表

年份	作物种类	试验名称	试验系数	升级系数	留级系数	淘汰系数	备注
二十二年	脱字美棉	初次遗传试验	20	5		15	
	脱字美棉	五区品种比较	5			5	
二十三年	小麦	高级品种比较					尚待秋后播种
	小麦	五杆行纯系育种					尚待秋后播种
	高粱	五杆行纯系育种	28				
	粟作	五杆行纯系育种	22				
	大豆	高级品种比较	6				
	大豆	十杆行纯系育种	14				
	脱字美棉	株行试验	22				
	脱字美棉	初次遗传试验	9				
	脱字美棉	二次遗传试验	5				

附 2　　　　　　脱子美棉育种最近三年选种成绩表

（二十三年五月十五日统计）

年份 \ 试验项别 \ 性状		织维 m，m，	衣分 %	衣指 %	籽指 gr	每株产量 gr	每亩产量斤
二十年	单本（83株） 最高	26.28	36.98	7.78	15.64		
	最低	21.00	31.07	5.38	11.98		
	平均	22.83	32.46	6.46	13.64		
二十一年	单本（48株） 最高	26.68	34.50	8.00	16.20		
	最低	22.51	31.00	6.10	13.00		
	平均	23.46	32.42	6.74	14.12		
	株行试验（20系） 最高	25.31	35.10	8.00	15.40		
	最低	22.43	31.10	5.86	12.20		
	平均	23.64	32.54	6.60	13.89		
二十二年	单本（22株） 最高	26.43	36.19	8.60	16.60		
	最低	23.06	31.00	7.00	13.40		
	平均	24.01	33.45	7.37	14.67		
	株行试验（九系） 最高	25.32	34.59	7.95	15.10	88.9	213
	最低	23.45	31.02	6.55	12.80	62.9	164
	平均	24.41	32.61	6.99	14.24	73.8	190
	初次遗传试验（五系） 最高	24.54	35.39	7.50	15.90	87.3	227
	最低	22.68	37.47	6.50	13.70	76.1	195
	平均	23.75	32.21	7.06	14.42	78.1	207

附3　　　　　改良脱字美棉棉种历年推广概况表

项别＼县别＼年份	民国二十一年 邹平县	民国二十一年 外县	民国二十二年 邹平县	民国二十二年 外县	民国二十三年 邹平县	民国二十三年 外县
村数及县数	27村		46村	32县	245村	11县
户数	147		610	107	5975	69
棉种数量（斤）	4788		21036.5	1105.5	206414	807.5
种田亩数（亩）	874.2		4207.3	220	41283	161.5

附4　　　　　梁邹美棉运销合作社历年进展概况表

项别		民国二十一年	民国二十二年	民国二十三年	备考
社员	社数	15	20	213	
社员	人数	219	306	5975	
包括村数		15	35	225	
棉田面积（亩）		667	3464	41283	
放款额数（元）		3583.00	24128.00		
运销额	花衣	6762.0	89496.0		
运销额	价值	3245.00	38852.00		
全年营业费		134.05	681.03		
盈余	社员余利		832.46		
盈余	公积金		237.85		
盈余	公益教育金		83.24		
盈余	职员酬劳金		35.68		

附5　　　　　　　　　机织合作社概况表

社名	村数	社员人数	机数	每月出布匹数（匹）	每月出带子打数（打）	备考
第一区机织合作社	2	15	10	150		乡农学校学生在校内组织者
印台机织合作社	4	23	14	250	600	
信义机织合作社	7	39	20	300		

附6　　　　　　　　　本场畜牧一览表

种别	项目	现存头数	让出头数	合计
猪	波支猪	16	16	32
猪	曹州猪	5	8	13
猪	邹平猪	1	0	1
猪	太原猪	2	0	2
猪	波×邹一代杂交猪	2	89	91
猪	波×邹二代杂交猪	3	34	37
猪	波×曹一代杂交猪	3	44	47
鸡	寿光鸡	36	27	63
鸡	力行鸡	29	63	92
鸡	邹平鸡	13	18	31
鸡	力×寿一代杂交鸡	4	0	4
兔	昂格郎长绒兔	3	6	9
兔	法国白色兔	9	37	46
兔	英国灰银兔	15	67	82
兔	英国栗子色兔	17	54	71
兔	英×中一代杂交兔	12	46	58

续表

项目　　头数　种别	现存头数	让出头数	合计
荷兰乳牛	2	0	2
瑞士乳羊	6	3	9
意大利蜂	13 箱	0	13 箱

附 7　　　各种猪种生长率比较试验成绩比较表

种别　数量　项目	波支猪	邹平猪	波 X 邹一代杂种猪	波 X 邹二代杂种猪	备注
试验开始时体重（磅）	23.5	19	27	21	
均满一年时体重（磅）	235	193	287	253	
平均每日增加体重（磅）	0.661	0.544	0.801	0.712	以出生日起至屠宰日为止
增长速率百分比（%）	97.11	79.75	118.5	104.1	四种猪的生长率比较
屠宰净肉重量（磅）	169	127	209	178	头蹄杂碎均不在内
肉百分比（%）	71.91	66.87	72.82	70.35	以宰前体重除宰后净肉

附8 波兰支那纯系种猪历年繁殖推广比较表

年度＼项目只数	原有	繁殖	死亡	淘汰	选留公	选留母	推广	共存公	共存母
二十年	3	9	1	4	1	3	0	3	4
二十一年	7	17	2	7	5	3	6	5	4
二十二年	9	36	5	15	7	9	2	10	13
二十三年	23						15	3	5

附9 邹平全县历年改良猪种头数统计比较表

年度＼项目头数	交配头数	生存头数	死亡头数	成长头数	
二十年	19	258	33	225	自本年九月开始推广
二十一年	297	4673	427	4246	
二十二年	476	6186	574	5612	
二十三年	202	2617	277	2340	以四月为止
统计	994	13734	1311	12423	

附10 推广改良蚕种组织养蚕合作社历年进展概况表

年度＼项目	推广改良蚕种数	社数	社员户数	备考
二十一年	593	10	271	本年所用蚕种系自山东大学农学院购来
二十二年	740	12	241	蚕种系本场自制
二十三年	715	27	339	蚕种系本场自制

附 11　　　　　　　　最近三年蚕种制造概况表

年度 项目 种名	二十一年 原制张数	二十一年 淘汰张数	二十一年 存留成种张数	二十二年 原制张数	二十二年 淘汰张数	二十二年 存留成种张数	二十三年 原制张数	二十三年 淘汰张数	二十三年 存留成种张数	备考
诸桂	486	24	462	520	30	490	350			二十三年春所制蚕种尚未检查故淘汰及存留两栏均未填写
新圆	164	37	127	64	16	48	165			
白新	101	15	86	171	43	128	190			
班新	35	8	27	106	27	79	153			
鲁黄	44	14	30	156	39	117	445			
基绿	14	6	8	21	5	16	62			
新绿							40			

附 12　　　　　　　　意大利黄金种蜂历年采蜜分群比较图

年度 数量 项目	原有群数	新分群数	总群数	采蜜斤数	每群框数	备注
二十年	5	0	5	0	5—7	本年秋新购
二十一年	50	30	80	93	6—8	
二十二年	80	50	130	363	7—10	
二十三年					8—10	

乡村服务指导处概要

本院乡村服务人员训练部，第一届旧济南道属二十七县学生，于二十一年六月底结业后，即各遵照本院呈准省政府之试办民众学校通则，回县办理民众教育。同时本院乡村建设研究部亦需实验工作。本院乃于二十一年十月成立乡村服务人员指导处，专负指导各结业生工作之责。其组织系由院长副院长研究部主任训练部主任中指派一人，兼任该处主任。由院务会议推定巡回导师二人，院长指派研究部学生若干人，充任指导员工作。要项为：

（一）到各县巡回指导民众学校自二十一年冬至二十二年前后计出发指导四次。巡回导师与指导员到各县所负任务，在第一次为择定民教试验区与成立民校校董会；第二次为实行指导各民众学校进行事项，及解决其偶发问题；第三次为继续此项任务。截至二十三年春，旧济南道属历城等二十六县（邹平自划为实验县，自二十二年七月起另按原定乡村学计划办理）成立民众学校高级部五十六班，普通部九十七班，共有一百五十三班，每期（修业期一年为一阶段）修业学生约共有五千五百六十余人。其经费补助按照本院呈准省政府试办民众学校补助金办法第三条规定，民众学校每班每月高级部给予补助金二十元，普通部给予补助金二十元（此项补助金由省府令各县由地方预备费项下拨给）。二十六县民众学校全年共实支补助金四万一千一百六十元。各校除教授规定科目外，在社会事业上有造林、植棉、种痘、放足、戒烟、储蓄会、合作社，各种活动。

（二）实验民众教育与编辑教材　本院乡村服务指导处成立后，曾在邹平试验县区之黄山前、韩家坊、霍家坡三处，各设实验民众学校一处。由院务会议推请指导员三人。由处主任指派研究部学生若干人为辅导员，协助各校教员，负责实验民众教育办法，以备各县民众学校之参考，并为各县民校□□各科应用教材（自二十二年七月一日起，邹平各实验民众学校均改为乡学）。关于教材编辑一事，于二十二年七月设有教材编辑室，由院长指定专人负责编辑。已出版者有普通部用之农民识字读本，高级部用之国学史地自然等四种活页教材。此外并编有识字明理、救国御侮、文武合一、中华民族故事等农民小丛书。其高级普通两部共用之精神陶炼、农村问题教材正在编辑中。本院出版之"乡村建设"旬刊，原由本院出版股编辑；后为便于指导民校进行，及沟通各地工作消息起见，自第二卷第六期起至第二卷第三十期止，曾一度归指导处编辑。

本院在旧济南道属历城等二十六县试办之民众学校，因与教育厅令饬各县办理之民众教育，大致相同。为统一行政便于进行起见，于二十二年三月间，由本院院长梁漱溟先生与教育厅何厅长商定厅院对民校合作办法。本院办理之民校在行政系统上属于教育厅；在指导方面，仍归本院。二十二年十月一日教育厅召集旧济南道属二十六县民教会议，议定由厅院双方合组山东省民众教育辅导委员会（二十三年三月改组为山东省乡村教育辅导委员会）以为辅导各县民教进行之后方机关。并由教厅派社会教育科科长杨鹏飞先生会同本院指导处主任陈亚三先生赴各县视察。每到一县，先成立该县民众教育委员会，确定实验区。并使本院结业学生与各该县民教馆集中人力财力于一实验区积极办理，以期达到以民众教育组织乡村推动社会之目的。

社会调查部概要

本院在二十年七月间曾请燕京大学教授许仕廉杨开道两先生，指导邹平县社会调查事项。作成社会调查与邹平社会一小册。二十一年秋成立社会调查股，请万树庸先生担任指导学生调查。原拟编成"邹平一览"，嗣因整理二十一年一月份所作成之邹平县一千四百三十四家农户经济调查，及三月份全县清乡户口调查等材料，结果以两次调查之统计为基础，乃将一览范围扩充，改编"邹平概况调查"。其间经过两次之重要工作：一次为指导本院训练部学生二十九人，调查四百一十八家农户经济；一次为二十二年一月间指导本院训练部学生一百三十六人，调查全县乡村概况。为搜集并考证各次调查之材料计，复就本院所办之小学教师讲习会及邹平实验县区所办之联庄会会员训练班各会员作普通之访问，以为调查所得之印证。

"邹平概况调查"一书，现已脱稿，正在校正准备付刊中。此外又将二十二年七月一日邹平改为实验县以后之各种调查材料，编为"邹平实验县概况"。并拟将以上两种中之重要统计，加以英文说明，作成中英文邹平概况统计一册。又依据本院修正组织大纲之规定，社会调查股，现应改为"社会调查部"。

图书馆概要

本院图书馆设主任一人，事务员一人。购书费每月二百元。自成立以来，在设备与购置书籍各方面，陆续改进，现已粗具规模。计共藏有新旧书籍三千五百八十种，三千八百八十四部，八千五百八十九册。其中关于总类者一千四百二十二种，一千五百零八部；关于哲理类者一百五十九种，一百七十四部；关于教育类者二百九十九种，三百三十八部；关于社会类者三百九十九种，四百三十八部；关于法政类者二百三十八种，二百七十七部；关于经济类者三百一十一种，三百四十部；关于文艺类者二百四十七种，二百七十九部；关于自然科学类者二百八十二种，三百零三部；关于应用科学类者四十六种，四十六部；关于史地类者一百七十七种，一百八十六部。此外并订购与交换杂志百余种、日报十余种。所有编目分类及管理方法，均力求合于最新科学方法。

实验区概要

（附：各省设立县政建设实验区办法、山东县政建设实验区条例、山东省县政建设研究院实验区条例实施办法、本院上省府呈文）

本院筹备之初，即经省政府根据本院组织大纲划定邹平县为试验县区、于二十年三月由本院推荐梁君秉锟为县长实行接收。试验区之设置，意在于研究乡村建设不徒为理想方策之拟定，更以研究所得者实地试验之；又训练乡村服务学生不徒在口耳之间，更得实地练习。顾乡村建设内容牵涉地方各项行政，而地方各项行政大抵分属建设教育公安财政各局，各局表面上为县长僚佐，实际受省中各厅直接指挥，本院欲有所作为，虽有县长兼试验区主任，而事权不属，牵碍难行。且一事之举，莫不需钱，而试验区顾无试验费，地方各项行政，各局自为预算，不但彼此间不能通融挪用，即一局之内，各款各目，各限亦严，挹此注彼，势所不许，事之不能举，此又一因也。自二十二年度以前，几于用一人动一钱，胥必听命于上，日唯奉行上级命令为事，凡试验之事于法令无据者皆格不得行；所谓试验区，盖有其名而无其实。此时试验区所得为者不外借助于两种机会：

一、本院学生实习工作之机会　二十年冬季至二十一年春初之一期间，第一届训练部学生下乡实习，教员负指导实习之责亦一同下乡，师生在乡工作者三百余人，成立乡农学校九十余处，试验区之工作乃于此肇端；其详具见本院乡村建设旬刊乡农学校专号。

（二）本院农场推广工作之机会　二十年冬，本院农场主事者于鲁溪先生在邹平旧第六区所属各乡村，指导学生办理乡农学校，得悉当地棉产情形，并以与当地人士之接洽，开此后棉种推广之机会。二十一年春，即由农场选脱里司美棉种四千余斤，推广于孙家镇一带棉农二百一十九户，表证试种。嗣逐年推广，并指导棉农组织运销合作，今已遍及全县各乡；其详具见梁邹美棉运销合作社第一届第二届各报告。农场推广工作不止此，此盖举其大者；其余详见农业改进实施报告。

总之，过去之试验区工作，大抵以本院之人力财力于不抵触上级政令范围内为之，其成绩至为有限。

二十一年十二月中央召集全国第二届内政会议，通过县政改革地方自治改革等各案，鉴于吾国幅员太广，各地方情形殊不一致，又值时代变动，一切制度有待创新，金主国家法令必须富有弹性，略示原则，容各地方自为斟酌，因宜设制，力反过去二十年来以理想揣拟制定之详密划一的法令强行各地之弊。并有各省设立县政建设研究院县政建设实验区办法之规定，期以科学实验之意为一县内地方行政地方自治社会建设之改革创新的进行。翌年春，山东省政府首先根据各省设立县政建设实验区办法制定山东县政建设研究院实验区条例十一条，又实验区条例实施办法二十条，划定邹平菏泽两县为实验区，并依照各省设立县政建设实验区办法第三十一条之规定，由山东省政府明令本院适用前项办法条例等，勿庸变更原定名称（乡村建设研究院）。至是本院实验区之名义、性质、权限等，均为之一变，盖不仅增多一县而已。试分析言之：

一、名义——由"乡村建设试验县区"改变为"县政建设实验区"。

二、性质——旧日第为一种乡村建设之试验工作，今县政建设实验工作其内涵则包括有三：

（甲）自县以下之地方行政改革实验：此包括行政制度之改革

及各项行政之讲求刷新，未举办者如何次第举办等。

（乙）自县以下之地方自治推行实验：此包括各级地方自治之推行以讫县自治之完成。

（丙）县境内之社会改进实验：此包括产业振兴，经济进展，民智开发，风俗改善等。

三、权限——旧日除得推荐县长及院县间按照上下属行文外，未能取得进行实验工作之权，今则依据上述各办法条例等其权限已多扩充：

（甲）实验区内县政府以次各行政组织，得本研究实验态度酌量改组或扩充之，地方自治组织制度，亦同此例。

（乙）实验区县长由本院呈请省政府任用之，县长以下各行政人员由本院或县政府委任之。在区长官公署未成立之前，其职权属于本院；所有实验区内各县政府均应受本院指挥监督。于此本院以教育机关学术机关兼代行政机关。

（丙）实验区拟具实验计划呈由本院审定后转呈省政府核准备案，即根据计划进行，所有通行各县之各项法令如有与前项计划有窒碍时，得不受其拘束。又实验区执行中央及省之法令确认为有碍难时，得斟酌变更之呈经省政府转请中央核准备案；并得应事实之需要制定各种单行规则。

关于经费一层，县政建设实验区初成立之一年（二十二年度）视前并无增加。凡向例应解缴省库国库各项税收一律照解，而向例应请领之各经费亦照旧额支领；同时对于本县地方负担亦无增减。所不同于前者，唯于县地方财政厅行统收统支办法，得制定县地方收入支出预算案呈经本院审查转呈省政府核定后实行。质言之，实验工作别无实验费，但以原地方款统筹而变更支配之，一面打破以前分裂割据窒碍不通之局，一面极经济的用以进行实验计划上之工作。试行一年之结果，实不堪窘促之苦，乃于二十三年度开始之前呈准省政府请照各省设立县政建设实验区办法第十九条实验区经费应就地方收入款内保留百分之五十以上充之之规定，酌减为留用百分之三十充作实验区各该县经费及事业费之用；其百分之七十之数，则扫数报解，并所有以前各该县应请领之省款，概不再请领。此百分之三十，在邹平为五八一七一元，在菏泽为六二一三七元，除县署全部经费由此支出外，并余有一部分为实验之用。又两县之地方款在邹平为一〇九八一九元，在菏泽为二三三八〇〇元，其中向例有一部分为第三四五科经费，今均得腾出归作实验建设之用，视前盖稍松快矣。

所有上述各条例办法等均附见于后。又本院呈省府请自二十三年度变更县组织及经费预算呈文亦一并附后。两县在划定实验区之初，各有实验计划经本院转呈省政府备案，均曾付印有单行本，此不具录。实验计划实行一年以来，各有工作报告，正在编印中，此不及述。

附1：各省设立县政建设实验区办法

（一）总则

一、各省为改进地方人民生活，实现地方建设起见，得根据本办法之规定，设立县政建设实验区（以下简称实验区）。

二、实验区之范围，原则上以县为单位；但必要时亦得扩充为数县。

三、实验区著有成效后，应随时推广及于他县，于必要时得呈准于本实验区内设立训练机关，负责训练各种建设人员，以备其他各县办理县政建设之用。其办法由各省斟酌地方情形订定之，咨报内政部查核备案。

四、各省为比较实验之效果并便于观摩起见，得就风土民情不同之地方，设立两个以上之实验区。

五、实验区之选定，以具有下列条件之一者为合格：

1. 该区情形可代表本省一般情形者；
2. 交通便利地位适中者；

3. 从前办理自治较有成绩者；

4. 地方有领导人才且能出力赞助者；

5. 实验场所，有相当设备者。

六、各省实验区之选择及其计划大纲，应由省政府会议决定之。

七、各省择定实验区决定设置时，应由省政府开明实验设置地点管辖范围及其进行步骤，咨请内政部，转呈行政院备案。

八、各省自治筹备委员会，对于实验区进行事项，有辅助考查之责。

（二）组织及权限

九、实验区内之县政府，应比一般县政府之权限扩大；必要时，并得设立县政建设委员会，集合专家负调查事实、订定计划、训练人才及实地试验之责任。其委员会及县政府之组织办法，由省政府订定，咨请内政部核准备案。

十、实验区之行政范围在一县者，由县长负责；在两县以上者，由各该县县长负责。于必要时，得另组区公署，设区长官一人，总揽实验区内一切行政事宜。

十一、实验区内之县长或区长官，由省政府选择学识优良经验丰富之合格人员担任之。区长官为简任职，其任用手续均依照县长任用法之规定办理。

十二、实验区内县政府机关之改组或扩充以及区公署之组织，由省政府拟定详细办法咨请内政部转呈行政院备案。

十三、实验区执行中央及省之法令，确认为有碍难时，得斟酌变更之；但须呈转中央核准备案。

十四、实验区应事实之需要，得制定各种单行规则。

十五、实验区之事权范围如下：

1. 依法令属于县者；

2. 虽非县之事权而有实验性质者；

3. 上级政府特别交办者。

十六、实验区与省之权限，及国家行政权与地方自治权，均应明白划分；其办法另定之。

十七、实验区内之县，应在其他各县之先依法成立人民代表机关，实行监督财政、审核法规，以树立民治之基础。

十八、实验区内之县，其自治事业区到达建国大纲第八条规定之程度者，是为自治完成之县。其人民有直接选举及罢免官吏之权，有创制及复决法律之权。

（三）经费

十九、实验区之经费，应就地方收入款内，保留百分之五十以上充之。

前项所称地方收入，以二十年十一月二日国民政府公布之办理预算收支分类标准案内列举之地方收入各项为限。

二十、实验区之经费，除前条规定之此入外；如有不足时，应呈请省政府酌量由省库补助，其原有之一切附加及苛捐杂税，应分别蠲免或整理之。

二十一、凡属于省经营之事业，或具有全省一致性质之试验事业，其经费应由省库筹拨。

二十二、实验区应注意公营事业，以其收益，办理地方公共事业。

二十三、实验区之一切公用财产，另组地方产款委员会保管之。

二十四、实验区应实行预算制度，按期编制预算及决算书，送请省政府审定之。

二十五、实验区之财政，应实行公开并励行统收统支办法，绝对不许各机关任意分割或挪用。

（四）实施之方式与程序

二十六、实验区之县政实施程序，应分为以下两个时期：

1. 行政整理时期——如财务行政、公安行政、教育行政之整理等；

2. 地方建设时期——如测量土地、修筑道路、改良农业、提倡合作、添设学校、普及教育，及医疗救济设备等。

以上两时期之工作，必须循序举办。在第一时期，应以整饬吏治，涤除积弊为中心之工作，并须特别注意整理财务行政及公安行政。

二十七、实验区得按交通、文化、物产，及社会组织之状况，将全境划分为几个不同性质之区域；在每一区域中，选择适合于当地人民需要之中心事业，从事实验。

二十八、实验区之县政设计及实施事项，应注意下列各原则：

1. 一切设施，须根据现实环境之需要与当地人民之程度定之，勿重形式，勿求速效；

2. 实施计划，应先就已推行之事项加以整理，排除消极之障碍，避免不必要之纷更；

3. 随时随地与其他各种专门团体及机关分工合作，联络进行；

4. 从各种实验事业中训练人民，培养专才；

5. 办理地方行政及自治人员对于书面报告、表式填写以及不切实际之标语口号，宜力求减少，务须深入农村，设法解除民众痛苦；

6. 注意人民团体组织，辅导人民实行自治；

7. 采取"政""教""富""卫"合一办法，以适当之步骤，实现整个之计划，某农村之兴复；

8. 办法力求简易与普及，以期减少人民负担，并为大多数人民谋利益；

9. 一切事业之进行，须具有实验之精神，以便将来得根据推行于他县。

（五）附项

二十九、本办法如有未尽事宜，得由内政部随时提出修订之。

三十、本办法由行政院核准后施行。

三十一、本办法施行前，各省已有类似县政建设实验区之组织，共原定名称办法及其关系章则，如不便更改时，均得暂准适用；惟应由省政府开明办理经过及组织情形，并检同该项办法章则，咨送内政部，转呈行政院备案。

附2：山东县政建设实验区条例

（一）本条例参照全国第二次内政会议通过内政部县政改革案各省设立县政建设实验区办法（以上简称前项办法）订定之。

（二）依据前项办法第二第三第八条之规定，暂以邹平菏泽为实验区；于必要时得扩充为数县，设区长官一人，总揽实验区内一切行政事宜。

（三）依据前项办法第七条之规定，实验区内之县政府及其所属机关，得酌量改组或扩充之。

（四）依前项办法第八条第十条之规定，区长官公署之组织另订之。

（五）依前项办法第十二条之规定，实验区之区长官公署及县政府均直接受省政府之指挥监督，各厅与区公署县政府及所属机关均不直接行文。

（六）依前项办法第九条之规定，实验区之区长官或县长，即以研究院实验部主任兼任。由研究院院长呈请省府委任之。

（七）依前项办法第十三条之规定，实验区内除区长官县长外，各项行政人员由院长委任之。

（八）依照前项办法第十五条之规定，实验区执行中央及省之法令认为有碍难时，得呈请上级政府核准变更之，并得制定各种单行规则。

（九）依照前项办治第十六条之规定，实验区之事权范围如下：

1. 依法令上属于县者；

2. 虽属于全省之事业而有实验之性质者；

3. 上级政府特别交办者。

（十）实验区内各县之经费及财政，除照本省法令应解交各款一律照解外，应依据前项办法关系经费各条之规定为原则，所有各地方款得另行编制预算呈报省政府备案；其详细办法另订之。

（十一）本条例如有未尽事宜，由县政建设研究院呈请省府修正之。

附3：山东省县政建设研究院实验区条例实施办法

二十二年八月四日公布

第一条　本办法依据山东省县政建设研究院实验区条例（以下简称实验区条例）制定之。

第二条　县政建设实验区实施实验工作，除中央另有法令规定外，均依据本办法行之。

第三条　区长官公署未成立以前，其职权属于县政建设研究院；（以下简称研究院）所有实验区内各县政府应受其指挥监督。

第四条　实验区之县政建设实验计划，除省政府特有规定外，由研究院统筹拟定呈奉省政府核准后施行。

第五条　实验区县政府对本县应行改进之事项有所建议时，得拟具计划呈请研究院审定转呈省政府核准后行之。

第六条　实验区一切行政应根据省政府核准之实验计划进行；所有通行各县之各项法令，如有与前项计划有窒碍时，得不受其拘束。

第七条　实验区依据实验区条例第八条之规定，得制定单行法规。其关系一县者，由县政府提经县地方会议通过，呈请研究院核准转呈省政府备案后施行；其关系两县以上者，由研究院制定呈请省政府核准后施行。

实验区县地方会议办法,另定之。

第八条 实验区县地方款之收入支出预算案,由县政府于年度开始前三个月制定提交县地方会议通过,呈研究院审查转呈省政府核定后实行。其决算案应于年度终了后三个月内编制齐全呈送研究院转呈省政府核销。

第九条 实验区县政府遇有增减税率或募集公债时,应由县政府依据计划提交县地方会议通过,呈请研究院转呈省政府核准后实行。

第十条 实验区县政府之经费,例由省库拨发者,其概算由研究院编制呈报。

第十一条 实验区县地方款预备费之动支,除曾编制预算指定由预备费项下列支有案者不计外,倘有临时动用之款,在百元以上者须经县地方会议议决专案呈报研究院核准方能动支,在百元以下者提交县地方会议通过动支,呈报研究院备案。

第十二条 实验区县政府经征国省正杂各税向例解交省库或主管机关者,依据省实验区条例第十条之规定,仍照向例手续办理。

第十三条 实验区依据实验区条例第五条之规定,直接受省政府之指挥监督;除本办法别有规定外,与各厅不直接行文,各厅遇有令饬,必要时应呈由省政府转令遵照。

第十四条 实验区县地方财政应厉行统收统支办法,并得设立县金库;其办法由县政府拟定呈送研究院核准转呈省政府备案施行。

第十五条 实验区县长之委任应依照实验区条例第六条之规定办理。县政府各项行政人员,由县长遴选呈请研究院院长委任之;其应由县长委任者,仍于委任后呈报研究院备案。

第十六条 实验区县政府之各科受县长之统一指挥,并以合署办公为原则。

第十七条 实验区应事实上之需要,得设置各种专门委员会;其经费及办法由县政府拟定提交县地方会议通过,呈请研究核准转呈省政府备案后施行。

第十八条　实验区县政府各公务人员之任免、考核、待遇及奖惩办法，另定之。

第十九条　本办法如有未尽事宜，由研究院呈请省政府修正之。

第二十条　本办法自省政府核推公布后实验区开始工作之日施行。

附4：本院上省政府变更实验县行政组织暨经费预算呈文

呈为呈请事，窃查职院自奉钧府颁发县政建设实验区条例，划定邹平菏泽两县为实验区，当经督饬两县拟具计划，呈奉钧府核准施行各在案。半载以来院长等悉心考查、切实研究，所有现行制度关于县政府组织方面、经费方面，实有改革之必要。兹将实际情形分别缕陈如次：

一、县政府有必不可少之开支而不列正式预算者，或预算所列太少不敷实际应用者，非改革不可也。此如邹平每日邻县递解过境人犯三五人至十数人不等，转递他县所需之车价饭费，在司法行政两项预算内均无此项支出，向例乃由县长设法赔垫。又如县府对于上行下行各机关公文往复之繁，一县数十万人口各种事务应付之剧，而预算所列办公费用纸笔杂品每月仅三十元，出差旅费每月二十三元，本年度虽增加为二十五元，而为数仍少，当此百物昂贵，动辄需款，其亏垫亦势所必然。又如邹平三等县兼理司法，司法项下办公杂费每月仅十九元，实际上万不敷用。菏泽一等县虽不兼理司法，而姻赌盗匪等案件仍须受理，其审判裁决录供缮写等手续在在需人，在在需款，而均无所出。此必须改革者一。

二、县政府组织太简，人员太少，薪给太低，因而事不能举，或流弊滋多，非改革不可也。此如邹平三等县仅设秘书兼科长一人，科长一人，科员三人，书记十名，而上级政府所筹划进行之事、调查咨问之事，无不责之县政府；且不问其地方诸事能否照顾，上级政令果否认真执行，即此案牍表册之呈转造报亦觉应付不遑。欲求其不敷衍公事，自非扩充组织不可。又秘书科长以次之佐治人员待遇低薄，实难罗致相当人才。政警公役月仅六元或七元，生活所迫，易滋流弊；且人数嫌少，在实际上各县无不逾其定额。邹平狱卒额定五名。实际至少非八人不办。诸如此类，自非提高待遇，增加名额不可。此必须改革者二。

三、县政府经管各项税收多有提成为县长个人之调剂者，非改革不可也。此如印花提成为百分之十六，契税提成为百分之八，超过比较再增提成，烟酒税提成为百分之五，牙税提成为百分之三，油税提成为百分之三，屠宰提成为百分之五，牲畜提成为百分之五，丁漕征解费为百分之三，除十分之六为征费属征收处外，十分之四为解费属县府，亦类似提成。在上述一二两项亏垫之数，每赖此以为县长个人之调剂。在普通县或因情形特殊不得不尔；然在实验区各县既负实验县政建设之责，凡此收支无定之款，非先剔除，则无由见其实验之效用。此必须改革者三。

四、县政府行政上名为统一，而实则未能；必须更求统一也。本省各县自实行裁局改科后，名义固统于县政府，而其实无异于前。菏泽邹平两县励行合署办公，及地方款之统收统支，大体已近于统一。但一、二两科经费属省款，三、四、五科出自地方，一署之内，俨若两事；且如邹平三等县，一、二两科科长月薪八十元，三、四、五科科长月薪六十元；待遇相差悬殊，亦觉非宜。应将县署各科经费统一规定乃能完成行政上之统一。此必须改革者四。

五、县地方经常临时各费为数有限，必须增加也。各县地方建设、教育、公安、经临各费大抵皆靠地方附加捐。附捐成数，各县情形不同。照中央规定则不得超过正税，限制极严，为数有限，又多充作地方各机关经费之用。邹平菏泽自划定实验区后，以惮于增加民众负担，每每不能有所兴举，实验效用即无由表现。是以非请求增加地方经费不可。此必须改革者五。

上列各点，均系将实际困难直陈

钧听。在本年所赖以勉强应付者：一则以职院教员学生分赴两县参加工作实习服务，补救其所不足；二则其间一二事亦已呈明改革，稍解困难。下年度教职员等自应撤回院中办理训练等事，即不能不请求扩充组织增加经费。其业经呈明改革之事如菏泽政警加饷亦不能不正式列入预算。为此院长等与该两县县长再三筹商并曾偕同晋谒商承钧座拟请自二十三年度起援照中央颁定各省设立县政建设实验区办法第十八条实验区经费应就地方收入款内保留百分之五十以上充之之规定，酌减为留用百分之三十充作各该县经费及事业费之用，其百分之七十之数及各项税收之提奖提成则扫数报解，不再留支，并所有以前各该县应请领之省款概不再请领。诚以改革县政进行实验为钧府所责于职院者，不敢不力求实际。而省库收入为全省预算所关，亦不敢以一隅之事致有所牵碍也。除俟奉准后再行令饬两县按照保留数目编列二十二年度概算书呈由职院转呈钧府核定外，所有拟请变更实验区县政府组织及经费缘由，是否有当，理合备文呈请鉴核指示祇遵。

谨呈山东省政府主席

山东乡村建设研究院及邹平实验区概况

山东乡村建设研究院 编

目　次

山东乡村建设研究院概况

本院成立缘起及其宗旨 …………………………………（89）

本院组织及其经费 ………………………………………（92）

乡村建设研究部 …………………………………………（98）

乡村服务人员训练部 ……………………………………（101）

乡村服务人员指导处 ……………………………………（107）

社会调查部 ………………………………………………（111）

农场 ………………………………………………………（112）

邹平实验区概况

邹平社会及其自然环境 …………………………………（119）

实验区设置沿革及其工作 ………………………………（121）

县政府组织及其经费 ……………………………………（125）

村学乡学实验 ……………………………………………（136）

乡村自卫实验 ……………………………………………（143）

普及民众教育 ……………………………………………（147）

乡村合作事业 ……………………………………………（150）

农村金融实验 ……………………………………………（158）

户籍行政 …………………………………………………（162）

乡村卫生实验 ……………………………………………（165）

山东乡村建设
研究院概况

本院成立缘起及其宗旨

本院在民国二十年（1931）三月间筹备，六月成立。至今已有五年历史。溯其由来，河南村治学院是其前身。

先是山东王鸿一先生河南彭禹廷先生等，以求治必与乡村之说倡导于世，十八年一月创刊"村治月刊"于北平，同年冬创立河南村治学院于辉县百泉。其时河南省政府主席即今之山东主席韩公复榘，于学院备极爱护。十九年十月学院因故停办，时则韩公已移任山东，闻之深以为惜。十二月电召同人来山东商量重举其事。同仁以"村治"一词不如"乡村建设"词义较为通俗易晓，又在河南偏于训练人才，兹更注重研究实验工作，乃定名"山东乡村建设研究院"。于二十年春草订组织大纲及学则课程经省政会议通过发表，并指定邹平县为试验区，院址设试验区内，而任梁仲华先生（耀祖）为院长，孙廉泉先生（则让）为副院长主其事，本院于是成立。

二十二年三月省政府根据国民政府内政部颁定各省设立县政建设实验区办法，划邹平菏泽两县为实验县区，任王柄程先生为邹平县长，孙廉泉先生为菏泽县长，均隶属于本院。

同年四月省政府任本院军事主任王绍常先生继任副院长，十月本院第一任院长梁仲华先生辞职，由研究部主任梁漱溟先生继任第二任院长。

二十三年四月间，本院应事实之需要，呈准省政府设第一分院于菏泽实验县区，以菏泽县长孙廉泉先生兼任第一分院院长。

二十四年一月省政府以菏泽为中心，增划济宁等十三县（共十四县），为县政建设实验区，设区长官公署于济宁，任王绍常先生为实验区长官，改组区内各县政府，并推行菏泽所办乡农学校于各县。同时任王子愚先生（近信）继第三任副院长。

二十五年三月省政府改划济宁等十县为第一行政区，菏泽等九县为第二行政区，临沂等八县为第三行政区，分任梁仲华孙廉泉张里元三先生为各该区行政专员，普设乡农学校于所属各县。同时为广行培养乡农学校师资起见，以本院乡村服务人员训练部归并于现行学制师范学校系统内，冠称"乡村建设师范学校"。于邹平成立第一乡村建设师范学校，菏泽成立第二乡村建设师范学校。

以上为本院成立五六年来的经过及其运动扩展之简述。底下略一说本院的宗旨：

同人认定中国近百年来以世界大交通而陷于一个全新的环境中，遭遇另一种不同文化之刺激压迫，从而引发出其本身传统文化的大转变。社会构造节节崩溃，已至最后阶段；千年旧物，既不可规复，而所谓近代云现代云者，亦各有其所从来之历史背景，非可摹取得来。要必当从根底上重新建立吾民族自身所适用之一种构造，而为世界开文化之新局。盖今日适丁人类历史转变之会，社会改造之根本问题已无从躲闪；世界新文化实为不同民族所共期待，正不独中国已也。所谓乡村建设运动即指此新社会之创建，亦就是传统文化大转变的结局；吾人之运动，正是要负荷此历史的使命。

既然是要建设整个的中国新社会，何为而曰乡村建设？此因我们有三点认定：

（一）认定此建设工作（或解决中国问题的工作），必从乡村入手；

（二）认定此建设工作（或解决中国问题的工作），必由智识份子引导，而以乡村人为主体，更渐渐形成他为主力；

（三）认定此建设工作（或解决中国问题的工作）的完成，在实现经济重心政治重心都植在乡村的一个全新组织的新社会。

在本院创立之初，曾发布旨趣书，说道："我们要认清我们的题目，握定我们的纲领。题目便是辟造正常形态的人类文明，要使经济上的'富'政治上的'权'综操于社会，分操于人人。其纲领则在如何使社会重心从都市移植于乡村"。重心与中心不同。中心是集中一处，重心则要普遍安放为好。若以重心随中心而集于一处，则危耸不安，今日西洋社会正是这样。所以我们要移重心于乡村，以求其普遍；其社会之经济的政治的文化的中心点，便自然形成都市；——所有大小都市，便是这些中心点。乡村为本，都市为末，如此乃为社会常态。

近代西洋都市之畸形发展，其种因全在其工业是从商业引发出来的（生产技术进步从个人营利竞争刺激而来），遂使工业离开农业而进步，都市的发达繁荣不靠国内的乡村，而靠国外的殖民地。农业与工业分离，乡村与都市隔阂矛盾，种种病态，不一而足。要使社会进步成为常态的，其道正不在远，只须从农业引发工业便可。因为这样一定可以完成自足主义的经济，农业工业一定可以得到适当的配合结合，乡村都市一定可以沟通调融，而顺合本末之序。因此，所谓乡村建设其要点亦只在从农业引发工业一句话。此从农业引发工业的事，唯中国今日适有其条件机会（其理另详），这实在是一个历史的运命。如我们所信，人类文明之正常形态，正有待中国人开其先路。所以我们的运动，一面是民族的，同时亦是世界的。

本院组织及其经费

　　本院工作计有三大要项：一研究工作，二训练工作，三实验工作。于外尚有调查工作一项，即办理邹平及全省社会调查，乃至各种专门调查统计，以为研究实验之本。但以人才经费两有所限，虽有社会调查部之设，迄未得充实进行。研究工作则有乡村建设研究部，但以种种条件之不备，除为基本理论之研究外，各专门研究亦尚鲜功。数年来大体上偏于为曾受高等教育之青年，培养其研究乡村问题之兴趣，引归乡村工作之用而已。训练工作有乡村服务人员训练部，本院前数年工作，多着重在此。计前后已办理四期，训练结业者共八百六十余人，分布各地服务，共设有乡村服务指导处以联络指导之。实验工作有邹平实验区，嗣于民国二十二年依据国民政府规定县政建设实验区办法，改为县政建设实验区，其实验工作，并及于地方行政地方自治各问题。以实验区主任兼县长，县政府直属于本院。所有本院组织，皆根于此三大工作而来。图书馆为供给研究及训练之一种设备。农场之设除研究训练之助外，并负实验区内农业改良推广之责。医院兼卫生院之设，除办理医药卫生事宜外，更于实验区内，从事公共卫生之研究与实验；同时亦兼任训练部教课。总务处则为事务上之总机关。第一分院之设则为训练部之扩充。

　　本院组织大纲，系民国二十年春间奉省政府颁定，嗣因工作扩展，事实推移，于原有组织多所变更，至二十三年七月乃将应行增改各点，一体修正完善，呈请省政府核准公布施行。兹录修正本院组织大纲于后：

附：修正本院组织大纲

第一条　本院直隶于山东省政府，定名为"山东乡村建设研究院"。

第二条　本院研究乡村自治及一切乡村建设问题，并培养乡村自治及乡村服务人才，以期指导本省乡村建设之完成。

第三条　本院设院长、副院长各一人，由省政府任用之。院长主持全院事务，副院长襄助院长处理事务。院长因事不能执行职务时，由副院长代理之。

第四条　本院设乡村建设研究部，及乡村服务人员训练部；每部设主任一人，商承院长副院长指导各该部学生作业事宜。

第五条　本院各部学生分班教学；每班设班主任一人，襄助部主任指导学生之学行试验及实习。

第六条　本院适用内政部呈奉国民政府行政院核准颁布之各省设立县政建设实验区办法，由省政府指定一县至数县为县政建设实验区兼乡村建设实验区。院址即设于实验区内。

第七条　本院于必要时，得设分院。其组织章程另定之。

第八条　本院设总务处，置主任一人，商承院长副院长督饬本处事务人员分下列各股办事：

一、文书股　二、稽核股　三、会计股

四、庶务股　五、注册股　六、出版股

总务处各股各设股长一人，事务员、练习员、录事若干人。办事细则另订之。

第九条　本院设农场，置主任一人，技士二人至四人，事务员三人，练习员若干人，主任商承院长副院长掌理全场场务，技士暨事务员秉承主任分任技术并管理场内一切事宜。其办事细则另定之。

农场主任及各技士，均兼本院教员负责指导学生作业及农业推广之责。

第十条　本院设医院，置主任一人，医士二人，护士二人，练习生若干人，商承院长副院长办理本院医药卫生兼指导实验区乡村公共卫生事宜。其办事细则另订之。

医院主任及医士，均兼本院教员，负指导学生作业之责。

第十一条　本院设社会调查部，置主任一人，调查员二人，练习员若干人，秉承院长副院长办理社会调查事宜。

调查部主任及调查员，均兼本院教员，负指导学生作业之责。

第十二条　本院研究训练两部，除各部处主任、医院农场主任均兼任教员外，得聘专科教员若干人，军事训练主任一人，军事教官二人。

第十三条　本院设乡村服务指导处，置主任一人，巡回指导员二人至四人，指导本院学生在乡服务事宜。其办事细则另定之。

指导处主任，由院长就副院长、研究部主任、训练部主任，指定一人兼任之。

第十四条　本院图书馆，置主任一人，事务员录事各一人，管理本院图书事宜。其办事细另定之。

第十五条　本院为商榷院务，特设院务会议，为院长副院长咨询机关。以院长副院长，各部处主任，区长官、县长，及院长特约之教职人员二人至五人组织之。

第十六条　本院为联络本院各部处及实验区各县公务进行，设院务办公处，置秘书一人，办理院长副院长交办事件。

第十七条　本院关于实验设备技术及各种实验事业，于必要时得与其他学术团体商订合作办法。

前项合作办法，应向省政府呈准备案。

第十八条　本院各部处及图书馆农场医院主任与教员由院长副院长聘任之，事务人员由院长副院长委用之。

第十九条　本组织大纲如有未尽事宜，得呈请省政府修正之。

第二十条　本组织大纲自山东省政府核准公布之日施行。

研究院组织系统表

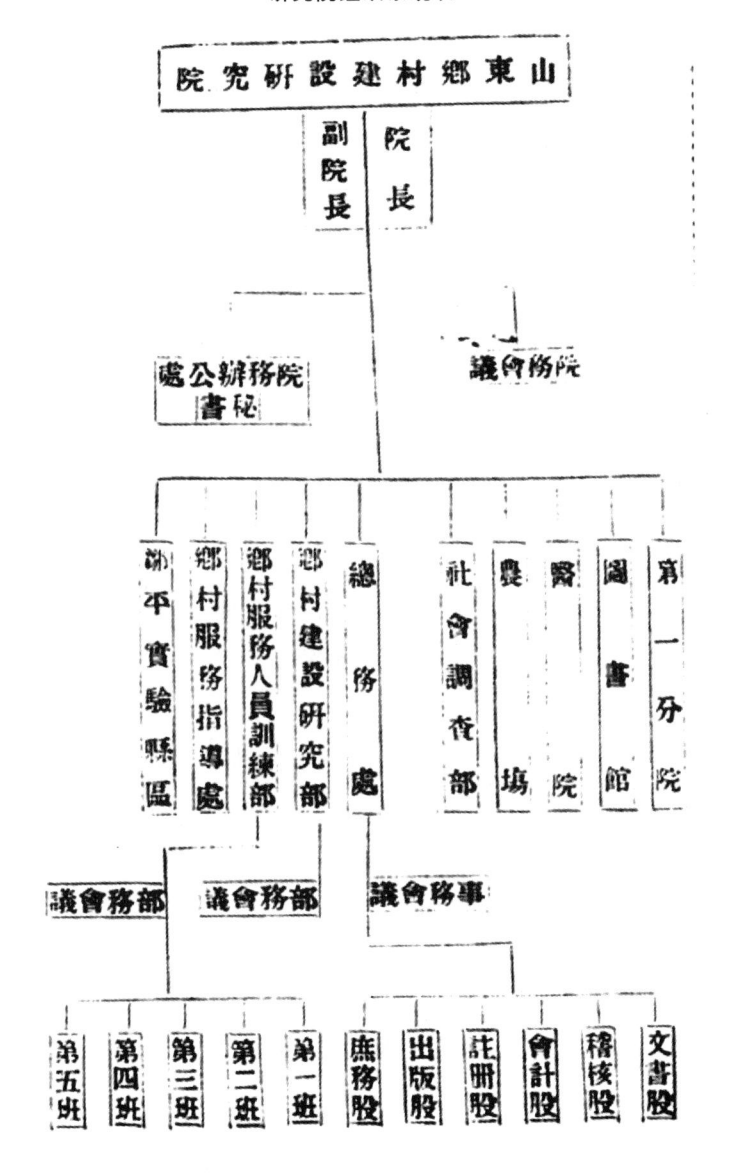

```
                    山东乡村建设研究院
                    　　│
              院长　副院长
                    │
        ┌───────────┼───────────┐
    院务办公处              院务会议
     秘书书
        │
  ┌──┬──┬──┬──┬──┬──┬──┬──┬──┐
  邹 乡 乡 乡 总 社 农 医 图 第
  平 村 村 村 务 会 场 院 书 一
  实 服 服 建 处 调       馆 分
  验 务 务 设       查          院
  县 指 人 研       部
  区 导 员 究
     处 训 部
        练
        部
        │
  ┌──┬──┬──┬──┐
 事务会议  部务会议  部务会议
        │
┌──┬──┬──┬──┬──┬──┬──┬──┬──┬──┐
第 第 第 第 第 庶 出 注 会 稽 文
五 四 三 二 一 务 版 册 计 核 书
班 班 班 班 班 股 股 股 股 股 股
```

　　本院经费每年由山东省政府供给，以表见为社会服务起见，并力求接近乡村生活，诸从俭约。院中人员薪俸，除特聘专家不计外，比照其他行政机关教育机关（大学中学），几于低减一半。而研究生之津贴，训练部之伙食，则居全部经费一大项。计自二十年度起,全年经常费为十万零七千五百八十元。二十一年度第一届训练部学生结业,各回本县组织民众学校,奉省政府令增加巡回导师,巡回指导各生工作,本院经费因略有增加,年支十一万七千七百八十元,二十二年三月省政府划邹平菏泽两县为本院县政建设实验区,此后本院职权事务,较前变更,经费支付又较前略增,计二十二年度为十二万零九百元。至二十三年四月呈奉省政府核准于本院实验区菏泽县设立第一分院,所有菏泽附近未经训练之十四县学生归分院训练,另编分院二十三年度概算,列数为三万零三百元。本院则因添设医院,扩充农场,然为节省经费计,除划出之学生膳费一部归分院预算外,复经减列其他各项,计二十三年度概算列支洋十一万六千七百元,二十四年度减一万零六百八十元,故概算列洋十万零六千零二十元。兹将二十年度至二十四年度五年来经费概况,列为下表:

本院民国二十年度至二十四年度经费分配比较表

（金额以元为单位）

科目		年度				
		二十年	二十一年	二十二年	二十三年	二十四年
俸给费	俸薪	50664	57504	59520	61320	63960
	工资	2640	2640	3024	3024	3024
办公费	文具	2760	3360	3360	3360	3360
	邮电	720	720	960	960	960
	消耗	4200	5400	5760	5160	5160
	印刷	9600	10200	10200	7800	4740
	租赁		480	480	480	480
	修缮	1896	1896	1896	2496	2916
	旅费	2400	4560	4080	2880	2400
	杂支	2880	1200	1200	1200	1200
购置费	器具	1600	1800	1800	1200	1200
	图书	2400	2400	2400	1800	1200

续表

科目		年度				
		二十年	二十一年	二十二年	二十三年	二十四年
特别费	学生膳费	19200	19200	19200	12480	1080
	学生津贴	3600	3600	3600	4320	4320
	学术研究费	2820	2820	2820	4620	4620
	招待费			600	600	600
	卫生事业费				3000	3000
	奖学金					1800
合计		107580	117780	120900	116700	106202

附注：

（一）自二十四年度本省籍训练部学生每月每人之饭费取消，提成一千八百元为奖学金。此项奖学金，不限山东省籍贯。

（二）本院开办费及历年增加设备建筑购置等项，均临时请款，不在此限。

乡村建设研究部

乡村建设研究部之设，原有两层用意：一层是普泛地提倡这种研究，以为学术界开风气；一层是要具体地研究山东本省的乡村建设方案。但数年来多偏于曾受高等教育之青年，培养其研究乡村问题之兴趣，引归于乡村工作之路而已。此项研究生的招收，原则上是受过高等教育者为合格；不过在初时风气未开，亦不愿拘定专门或大学毕业的资格，致失奖劝知识分子转向乡村去的本意。所以第一届招考兼有同等学力的规定。

其入学后研究的程序：（1）基本的研究——即乡村建设根本理论的研究；（2）专科的研究——或根据已往肄习的学科，再做进一步的研究。例如从前学农业的，现在就可继续研究农业推广；从前学教育的，就可继续研究乡村教育。或从其现在兴趣注意的问题而自行认定一题研究之。至于研究科目的认定，必须研究部主任的审量许可；作业进行，须听部主任及导师的指导。本部的课程除间有必要外，不取讲授方式，或各别谈话，或集中讨论。并于南北各大学聘有特约导师，担任指导，以函授行之。修业期间为二年；但在修业期间，得有研究结果，提出论文，经部主任及导师评定合格者，亦得请由院长核准予以提出结业。

此项研究部的学生，大致都到觅求职业的时期，颇难再由家中供给费用。所以本院定章，除供给膳宿费用外，每人每月津贴洋十元。其学有专长者，在适宜情形之下，并得在院中兼职兼课（训练部功课）；要无非掖进有志，扶助苦学之意。将来学成结业，自本院希望言之，实以留院服务为期。因此本院学则上有"酌留本院服务"的条文规定。

第一届招生限额三十名，因为一切费用均出自公家，其省籍亦限山东省。外省学生志愿入学，程度相当者，收为附学生，必须自费。

在二十二年第一届学生结业后，曾停招一年。于二十三年六月，方作第二届招生。第二届办法，比较以前有几点不同：（1）是提高入学程度，以曾在大学或专门学校毕业，持有毕业证书或临时证书者为合格；（2）是减少名额为十八名；（3）是不限山东省籍，但外籍学生不得超过全额三分之一；（4）是提高待遇，饭费五元如前，津贴增加为二十元，本省外省一样待遇；（5）是缩短修业期限，改为一年结业。修业期间内，得提出论文，经部主任及导师评定合格，请由院长核准者，亦准予结业。

研究上之安排，除乡村建设理论为主要科目必须共同研习外；其后则各就前所学，从乎基本理论之所指点，向实际问题上去作探究的工夫。于研习四个月后，乃令分别加入邹平实验县设计委员会各组为设计研究员；并分别担任编纂邹平一年有半之实验报告。此其用意不外两点：一是他们各本所学用心于实际问题的研究，庶学理与事实沟通，举得其所用；二的使他们从实际工作中吸取与所学有关的材料，使其增加经验，获得所办法。

此届收得学生十五名，因不限山东省籍，外省考入者，反较本省人数为多——本省五人，外省云南、湖北、辽宁、吉林、江苏、河北共十人（其中四人借补本省额）。

第三届研究部，仍照第二届改订办法，于二十四年七月，就北平济南两处招考，共收得学生十三名，其中本省七人，外省安徽、河北、四川、云南、江苏、共六人。外有旁听生四人。

以上一、二、三届研究部同学结业后，大体俱有服务机会，亦有继续作研究工作者。大致留本院服务，及在邹平菏泽两实验区服务者，约居半数。此外则有在新划行政区各县，担任指导工作者，有在各地乡村师范任教者，有在广西国民基础教育研究院任编辑者。

乡村服务人员训练部

乡村服务人员训练部之设，实为推进本省乡村建设，必先预备到乡村服务的人。此不须说，当然要就地取材，其条件约略如下：

一、世代居乡，至今其本人犹住在乡村的。——这他是为不失乡村生活习惯；尤要者，为他熟谙乡村情形。

二、曾受过相当教育（略如初中），具有普通知识。——非有知识和运用文字的能力，不能为公众做事。

三、年纪在二十岁以上，三十五岁以内——这是为年力正富可以有为，而又不要太年轻。

大概果能具此三条件的人，多是在乡村教过学或曾任乡村公职者；亦可说是于乡村服务有些经验的。因为受过相当教育，年达二三十岁，而没有升学或作事于外，则其末后居乡村的几年总不免要做点事的；其升学或在外作事而新回乡的，成数必然很少。前项闷守乡村的，诚未必是俊才；然在这知识分子回乡的尚未成风气的今日，舍此更无可求。后一项新回乡的，或有英发之士；而多年在外，情形隔膜，亦是缺欠。无论那项人，非经一度训练之后，总不能担任乡村建设的工作。此所以有乡村服务人员训练部之设。但就地取材，招生训练，山东一〇八县，实在不能同时举办；此其困难有二：（一）本省各地方情形不同——鲁西不同鲁东，鲁南不同鲁北——要同时了解它、研究它，替他想办法，势所来不及；而这是在训练学生时，多少要指点给他的。尤其是在指导实施时，要帮他解决地方上的问题，普泛地照顾，万照顾不到。（2）训练后回本地作事者，每县人数若过于单少，则事情不易举行。假定每县有十人左右，同受训练，便达一千余人，本院人力财力一时似均有不及。

故此乃划分区域招生，分期次第举办。第一届则于旧济南道属邹平等二十七县中招收学生二百八十余人，附学生二十余人。入学资格为初中毕业及同等学力者。依其学程资历统计比较结果，大概以不达初中毕业程度而曾在乡村服务者为多；所以学识颇感薄弱。其训练办法见本院原订之学则课程；生活指导根据本院所订之部班主任制。其作业课程别为如下之五部：

甲、党义之研究；

乙、乡村服务人员之精神陶炼（简称精神陶炼）；

丙、村民自卫之常识及技能之训练；

丁、乡村经济方面之问题研究；

戊、乡村政治方面之问题研究。

如细列其科目：则为党义、乡村建设理论、乡村自治、乡村礼俗、农村经济合作、乡村教育、农村自卫、军事训练、造林、农业常识、土壤肥料、应用文、社会调查及统计、畜种改良、病虫害、簿记、水利、农作改良、蚕桑、农家副业、现行法令等科。

学生受训时间定为一年；由院月给膳费五元，制服则按季发给。第一届于二十年七月入学，二十一年六月结业。第二届则招收鲁西鲁南四十一县学生二百八十余人，于二十一年七月入学。其一切规定与第一届无异；惟课程安排鉴于第一届科目繁多，训练时间极短，所得成绩不见很好，故略有变更。——将一年时间分为两段：前一段谓之普通训练，时间三月，注重精神陶炼军事训练等科；后一段为分组训练，时间九个月，共分五组——一农村自卫组，二国学组，三乡村问题组，四精神陶炼组，五凿井组。共同必修之乡村建设理论则于末二三月内，始行排入。

第一二两届办法，略如上述。自第二届学生结业后，停招一年；于二十三年六月始招收第三届。其办法则较上两届之变动为大：一、严定投考资格，取消同等学力，规定必须曾在初中高中或后期师范与乡师毕业者方为合格。二、除就胶东淮县等二十六县及鲁西北十四县招收官费生二百九十名，以完成全省各县之训练外；另招自费生数十名，不限省籍县籍，并分别指定在邹平本院及菏泽分院训练。三、训练的办法安排不同。兹将本院训练部第三届训练学生各阶段组织系统图及课程计划，附列于下，以供参考。

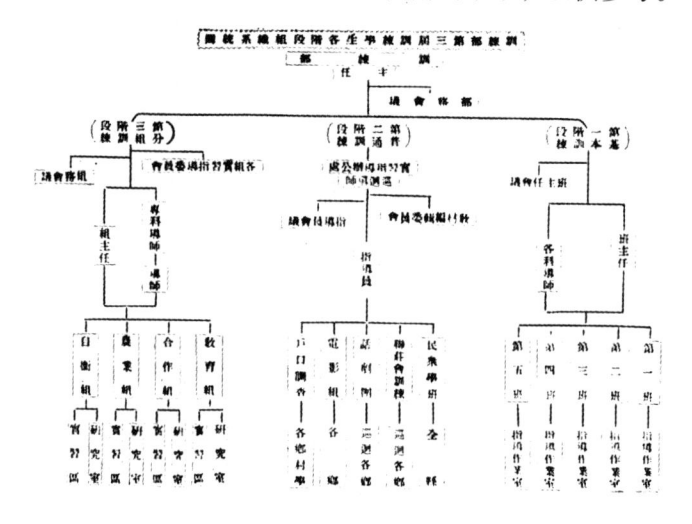

训练部第三届课程计划

甲　原则

一、我们的总旨趣是乡村建设；我们的朋友必须明白乡村建设理论。

二、我们的总方法是大众教育；我们的朋友必须能以教育与大众接近，并引大众共同向上学好。

三、我们的工作要项：有农业改良、农村自卫、农村合作、农村医药卫生等；我们的朋友应学会上列各项技术之一种，使日后工作不蹈空，教育有内容。

乙　全学年时间支配约计

一、乡村建设、精神陶炼，约四分之一；

二、教育及实习，约十二分之五；

三、选科学习，约三分之一；

丙　全学年训练步骤

第一段　七月至九月　基本训练

注重：（一）精神陶炼，（二）乡村建设理论实施，（三）军事训练；使了解其乡运的方向并以转变其人生思想及日常生活习惯。

第二段　十月至二月　普通训练

注重：教育讲讨及实习，并附专题讲演，以为选学一门技术之预备。

这时期中凡五个月，分为三小段：

（1）十、十一两月：准备下乡——一切活动注目于此。

（2）十二、一两月：下乡参加工作，由教师领导为大众教育工作。

（3）二、三两月：检讨下乡经验及问题，作教育理论、乡建理论更进一层的讲讨；

第三段　三月至六月　选科训练

此时期中，每生应于自卫、合作、农业、医药等技术，择习一种，求有所专长；其学习时间，约占本时期中五分之四。其余五分之一，仍为精神陶炼及乡建理论。

附注：

一、乡建理论，精神陶炼，贯注全部生活及课程，全学年都有；于学年开始及结业时特别注重。

二、由教师分领学生下乡实习为必要。无论为学、为术、为教师、为学生、为理想、为事业，都觉这事为必要；下了乡回来的学生当更能听懂我们的话。

三、今年下乡的中心活动，拟为"普及教育"——即要全县大众皆与学校发生关系。发动全院师友及全县师生之力，利用农闲为普及教育运动，教大众识字明理、共同向好。

以上课程的计划，与训练的各阶级之用意，完全相应；意在由此步骤慢慢的培养，以达于能自觉自动自主的地步。其课程之所以如此安排，亦因有几点的斟酌：一是斟酌我们的事业，二是斟酌社会的需要，三是斟酌学生的兴趣和能力。盖实所以补过去一二两届的欠缺，而更为深厚的培养也。兹将第三届的课程录列于下：

一、三民主义　二、精神陶炼　三、乡村建设理论　四、实验县区办法　五、军事训练　六、农村经济　七、教育问题研究　八、实验区教育计划　九、教育法　十、应用文　十一、现行法令　十二、乡村教育　十三、调查统计　十四、教材教法研究　十五、教育实习　十六、教育研究讨论　十七、专题讲演　十八、合作研究　十九、簿记　二十、珠算　二十一、会计学　二十二、实验区建设计划　二十三、农业常识　二十四、医学概论　二十五、药物学　二十六、病理学　二十七、诊断学及其实习　二十八、公共卫生　二十九、流行传染病之防治　三十、自卫研究　三十一、军事训练　三十二、军事学　三十三、拳术　三十四、刀枪术　三十五、军械学　三十六、世界大势与各国军备之研究　三十七、中国农业问题　三十八、畜牧　三十九、植棉或养蚕　四十、造林　四十一、农村工艺　四十二、合作

上列课程自第一至十七为基本训练及普通训练。以下为分组训练，共分四组：一合作组（科目包括十八至二十三）；二医药组（科目包括二十四至二九）；三自卫组（科目包括三十至三十六）；四农业组（科目包括三十七至四十二）。医药组，后以设备人力均有不够，训练时间亦觉得太短，未曾开班；另设教育组以补充之。

训练部第四届系于二十四年七月招考，其办法较之三届亦有多少变更：一、是在邹平本院训练者名额一百名，完全不限省籍；在分院训练者则招收县政建设实验区济宁等十四县学生二百八十名。二、取消官费待遇，除免收学费外一律自费；另设奖学金额九十名，以奖助家境清寒而成绩优良之学生，亦不限省籍。三、初中及高中程度者，分级训练；初中程者训练时间增为二年。此外放宽机会，凡具有国学根底、科学常识，并在社会服务三年以上者，亦可

应试入学。四、应来学者之请求，加收旁听生同受训练。缘训练部官费之待遇，以当时风气未开，多含奖励之意；现即风气渐开，而山东全省分期训练已完，学生数近千人，无须再有此项规定；且以过去之经验有此待遇恐反不易培养多的真才。故于本年规定一律自费，另设奖学金额以为奖劝贫寒学生努力造就之助。而以乡村工作关系全国，作育人才似可不必过于划分界限，故奖劝之学生亦不限本籍。

关于乡村服务人员训练部，各届学生结业后服务办法及其情况，约略分述如次：

第一届旧济南道属二十七县学生，于二十一年六月底结业后，以各回本县，倡办民众学校为原则。民众学校由地方自办，而政府奖励补助之。凡倡办成功者，即有其服务机会，本院设有对村服务指导处，派出巡回导师指导其工作进行。嗣以与教育厅令饬各县办理之民众教育，大致相同，改由教育厅与本院合组民众教育辅导委员会（后改为乡村教育辅导委员会）辅导其进行。

第二届鲁西鲁南四十一县学生，于二十二年暑期延长三个月结业。盖以邹平菏泽两县政建设实验区成立，特令其集中两县实习。在邹平则实习于村学乡学，在菏泽则试办乡农学校，训练农民自卫。嗣后留于两县服务者约有半数；其余则于利津滨县沾化三县，略仿菏泽乡农学校办法，分区设校，训练民众。此届学生，亦有少数自回本县服务者。

第三届鲁北鲁东四十县学生，于二十四年四月提前结业。盖以济宁等十四县，划区推行乡农学校，训练民众办法，急需此届同学前往工作也。亦有少数留邹平服务者。

第四届本院学生不分省籍，分院学生，以鲁西十四县为主。除乙级二年制学生，留一部分继续肄业外，均提前结束，分发实习服务。盖以新划三行政区中，曲阜沂水等十三县，推行乡农学校，正在需人也。但服务地点，不定在十三县内，有分配于旧十四县者。又寿光惠民两县亦仿行乡校办法，因亦分配一部分同学前往工作。

乡村服务人员指导处

　　本院乡村服务人员训练部，第一届旧济南道属二十七县学生，于二十一年六月底结业后，即各遵照本院呈准省政府之试办民众学校通则，回县办理民众教育。十月成立乡村服务人员指导处，专负指导各结业生工作之责。其组织系由院长于副院长研究部主任训练部主任中指派一人，兼任该处主任。由院务会议推定巡回导师二人，院长指派研究部学生若干人，充任指导员。工作要项为：

　　（一）到各县巡回指导民众学校　自二十一年冬至二十二年前后计出发指导四次。巡回导师与指导员到各县所负任务，在第一次为择定民教实验区与成立民校校董会；第二次为实行指导各民众学校进行事项，及解决其偶发问题；第三次为继续此项任务。截至二十三年春，旧济南道属历城等二十六县（邹平自划为实验县，自二十二年七月起，另按原定乡村学计划办理）成立民众学校高级部五十六班，普通部九十七班，共有一百五十三班，每期（修业期一年为一阶段）修业学生约共有五千五百六十余人。其经费补助按照本院呈准省政府试办民众学校补助金办法第三条规定，民众学校每班每月高级部给予补助金二十元，普通部给予补助金二十元（此项补助金由省政府令各县由地方预备费项下拨给）。二十六县民众学校全年共实支补助金洋四万一千一百六十元。各校除教授规定科目外，在社会事业上有造林、植棉、种痘、放足、戒烟、储蓄会、合作社，各种活动。

　　（二）实验民众教育与编辑教材　本院乡村服务指导处成立

后，曾在邹平实验县区之黄山前、韩家坊、霍家坡三处，各设实验民众学校一处。由院务会议推请指导员三人，由处主任指派研究部学生若干人为辅导员，协助各校教员，负责实验民众教育办法，以备各县民众学校之参考；并为各县民校编辑各科应用教材（自二十二年七月一日起，邹平各实验民众学校均改为乡学）。关于教材编辑一事，于二十二年七月设有教材编辑室，由院长指定专人负责编辑。已出版者有普通部用之农民识字读本，高级部用之国学史地自然等四种活页教材。此外并编有识字明理、救国御侮、文武合一、中华民族故事等农民小丛书。其高级普通两部共用之精神陶炼、农村问题教材正在编辑中。本院出版之"乡村建设"旬刊，原由本院出版股编辑，后为便于指导民校进行，及沟通各地工作消息起见，自第二卷第六期起至第二卷第三十期止，曾一度归指导处编辑。

本院在旧济南道属历城等二十六县试办之民众学校，因与教育厅令饬各县办理之民众教育，大致相同。为统一行政便于进行起见，二十二年十月一日教育厅召集旧济南道属二十六县民教会议，议定由厅院双方合组山东省民众教育辅导委员会（二十三年三月改组为山东省乡村教育辅导委员会）以为辅导各县民教进行之后方机关。并由教厅派社会教育科科长杨鹏飞先生会同本院指导处主任陈亚三先生赴各县视察。每到一县，先成立该县民众教育委员会，确定实验区，并使本院结业学生与各该县民教馆集中人力财力于一实验区积极办理，以期达到以民众教育组织乡村推动社会之目的。

二十四年一月，陈亚三先生被任菏泽县长，改以时济云先生继任指导处主任。以结业同学逐年增加，散处各方，巡回指导，势有难周，特由指导处出版"同学通讯"一种，以通讯方法，鼓舞其工作，辅助其进修，而示统属联络之意。自三月二十五日创刊号出版，至本年三月共编出十三期。每期印一千五百份，分寄各地同学及院内外师友。计本院历届结业同学，截至二十四年冬为止，研究部共五十名,训练部共八百六十余名。并本院所办短期讲习会,分院所办自卫干部训练班同学之在院方指导下工作者,共数一千一百余名。工作分布区域:(1)邹平实验区,(2)菏泽济宁等十四县,(3)利滨沾等县,(4)本省其他各县(约三十六县),(5)其他各省市。多能按期与院方通讯,其消息隔绝者,不过百分之三四。二十五年五月以后,第三届研究部第四届训练部同学结业,共应增发通讯三百余份,尚未计入。附录"同学通讯"办法于后:

山东乡村建设研究院乡村服务人员指导处办理同学通讯办法

第一条　本处为结业同学增进学识砥砺德行起见,特定通讯办法以收相互督勉之效。

第二条　凡结业同学无论在何地工作,皆应将工作状况自修情形等,每月至少向本处通讯一次。

第三条　通讯纸由本处制定,分发各同学应用。其内容如下:

甲、工作情形

例如:工作大事记、经验心得、困难问题、进行计划等事项。

乙、自修情形

例如:读书交友、进德处家、问题研究、札记随笔等事项。

丙、地方情形

例如:生产、治安、教育、人物。

丁、特殊问题

凡特别可注意者属之。

第四条　本处收到各地同学通讯后,除有特殊问题随时答复外,每届月终汇编"同学通讯"刊物一种,寄赠各同学,不另收费。

第五条　汇编"同学通讯"刊物之内容如下:

甲、论述

乙、各地同学消息汇要

丙、各地乡运消息汇要

丁、问题解答

戊、书报摘要

己、本院消息

庚、其他临时选载

第六条　同学住址，应向指导处登记。如有迁移，务须随时通知。

第七条　凡经重发通讯经三次不见回信者，即停发"同学通讯"刊物。

第八条　本办法经院长核准后实行。

社会调查部

本院在二十年七月间曾请燕京大学教授许仕廉、杨开道两先生，指导邹平县社会调查事项，作成《社会调查与邹平社会》一小册。二十一年秋成立社会调查股，请万树庸先生担任指导学生调查。二十三年七月间，本院呈准之组织大纲规定设"社会调查部"，置主任一人调查员二人，练习员若干人，秉承院长办理社会调查事宜。故本院目下之社会调查部，即依此规定组织成立者。原拟编成"邹平一览"，嗣因整理二十一年一月份作成之邹平县一千四百三十四家农户经济调查，及三月份全县清乡户口调查等材料，结果以两次调查之统计为基础，乃将一览范围扩充，改编"邹平概况调查"。其间经过两次之重要工作：一次为指导本院训练部学生二十九人，调查四百一十八家农户经济；一次为二十二年一月间指导本院训练部学生一百三十六人，调查全县乡村概况。为搜集并考证各次调查之材料计，复就本院所办之小学教师讲习会及邹平实验区所办之联庄会会员训练班各会员作普遍之访问，以为调查所得之印证。

"邹平概况调查"一书，现已脱稿：正在校正准备付款中。此外又将二十二年七月一日邹平改为实验县以后之各种调查材料，编为"邹平实验县概况"。并拟将以上两种中之重要统计，加以英文说明，作成中英文邹平概况统计一册。

农　　场

本院农场于二十年六月间，与本院同时开办。限于经费及地势，规模甚隘，由于鲁溪先生主其事，五年以来，历有扩充，工作内容，日益繁复，而费用甚简。大抵一面为研究部训练部研究教学之助，一面负责实验区农业改良推广之责。其工作方针如次：

（1）收集各地农业机关试验已有成效之品种，作一度之区域试验；再将有效之结果，以表证的方法推广于当地农民。

（2）为求推广之易于收效，当提倡农民组织合作社，运用新机器新技术，作大规模之生产，促使农业社会化。

（3）推广发生困难或为提供推广材料，乃从事于研究实验。

（4）供给院内学生研究及实习材料。以便推广于本省各县。

开办之初，以人才经费均感缺乏，组织甚为简单，仅设主任一人，技士二人，事务员一人。迄后各项事业渐次举办发展，因应事实之需要，陆续增添技术员与练习生。此多系本院历届结业同学留场练习者。故在事业之进行方面，尚能和衷共济，策划进行。场内现有设备皆渐次扩充者；兹依次分述如下：

（1）场舍：本场场舍系租赁者，全部面积二十余官亩，原为外人建筑之医院，后售于本县李氏。内有房屋六十余间，作为各县办公及职员寄宿之所。院内隙地则利用为饲养牛、猪、羊、兔、鸡、蜂、及各种园艺试验之用。

（2）园艺及各种作物育种场：计四十余官亩，全在场舍附近，系租用民地。

（3）东范庄棉麦育种场：计百余官亩，系借用县农场公地。

（4）孟家坊棉种繁殖场：计一百三十五官亩，系租用民地；租金有本场收益项下开支。

（5）蔡家庄棉种繁殖场：计一百五十亩，系租用民地；租金亦系由本场收益项下开支。

（6）济南辛庄合作农场：本场鉴于邹平实验地亩之不易扩展，乃于民国二十三年呈准山东省政府拨给济南辛庄公地六百八十余亩，专作各种作物育种之用。二十四年春华洋义赈会亦欲进行同样工作，苦于无地，乃商请与本场合作，并邀金陵大学担任技术指导工作。而此合作农场即于是时组织成立。

（7）科学酱油厂：原设于孙家镇；二十四年四月迁来邹平东关，借民房一所，改造应用。

（8）黄山养鸡场：租借民地十余亩，自建鸡舍四大间，堪为养鸡三百余双之用。

（9）唐李庵养蜂场：离城十五里，利用寺内天井作为安置蜂箱之所，现有蜂十七群。兹分推广及研究实验两工作，略述如次：

（一）关于推广工作者

推广原则——第一、按风土所宜，农民需要，分区进行。例如：邹平北部，系产棉区域，然因品种退化，销路不畅，因即划为棉业改进区，从事推广改良脱字美棉；邹平南部，夙有蚕桑之利，并适于栽培果树造林养蜂等事，因即划为造林养蜂果木及蚕业改进区，从事各该项改良品种之推广。其他类此。第二、以村学乡学为推广策源地。邹平村学乡学一面为地方团体，一面为教育机关，最适宜于推广工作。第三、农业推广与合作组织相联进行；如棉种推广棉花运销合作相联之例。盖有合作组织后，不独减少分头奔走之烦，并可收控制优良品种之效也。

推广事业——一、棉业推广及合作。邹平旧有棉种，除一部分中棉外。纯为退化多年之钦氏棉种，产量既少，品质尤劣，以致销路滞涩。本场推广之改良美棉、最适宜于本地风土，而产量品质均优。本地退化美棉每亩产量多则不过一百二十斤，而改良美棉每亩则可收至一百四十斤以上；就品质论之，退化美棉仅可纺二十支左右纱，而改良美棉则可纺三十六支以上细纱。决定普遍推广改良美棉以代替本地一切不良棉种，造成地方纯种主义。推广区域年来扩展甚速，二十一年推广面积仅为八、七四二亩，二十二年增加至二三、二六六亩，二十三年增加至四一、二八三亩，行将普及全县。二十四年虽仅推广种子五万余斤，但种植亩数，仍不减于去年。同时进行运销合作，定名"梁邹美棉运销合作社"。各村社之主要业务为种植借款，收花及轧花。其上复联合机关，称为"梁邹美棉运销合作社联合会"。其主要业务为集中产品，加工运销等。二、蚕业推广及合作。本地农民于蚕之病害，桑之虫害，防除无术，以致产量日减。同时受世界影响，丝价大落，奸商操纵，农民失利。本场因从下列工作着手，以谋救济：（甲）指导农民防除桑树害虫；（乙）协助蚕户解决蚕之病害问题——推广新蚕种以易土种，指导各村合作催青，指导各户改良蚕室蚕具并提倡稚蚕合作饲育，设立饲育表证室等；（丙）指导蚕户合作烘茧缫丝及直接运销。三、造林推广及合作。邹平西南乡，山地甚多，极宜植树，而保护为难。二十一年本场即倡为林业公会之组织，二十二年改组为林业合作社。二十三、四年，沿山一带四十余村争相成立。四、机织推广及合作。邹平土布业本盛，为洋布压迫无余，因提倡机织合作，以资救济。自二年冬即进行，视其他工作为早，但成绩殊鲜，已归停顿。将来拟从棉业合作进而为纺织合作，以图恢复。五、猪种推广。以波支猪与邹平猪一带杂交，经历年试验结果，同样饲养一年，可多长肉五十斤。最低价可多得洋八元。本场自二十年八月至二十三年十二月，以波支猪与本地猪交配，共计一千五百四十一次，成活仔猪一万八千一百一十三头，每头多收洋八元，共为农民增加生产十四万四千九百零十四元。至纯种向外推广者，前后于省内外共十五处二十八头。六、鸡种推广。本地鸡种年产卵不过八十余枚，以来克行与本地鸡一代杂交，年可产卵一百七十余枚，数量超过一倍。因决计推广此一代杂交种，经选定城东安家庄、鄢家庄、盖家庄三村为鸡种推广表证村，并暂划第五乡为推广试验区，将来成立种卵合作社，作有组织之推广与运销。此外曾举行三次农品展览会，并随时举行集市讲演，又曾举办各种合作讲习会，亦属推广工作。

（二）关于研究工作者

甲、畜牧。本场畜牧研究工作，开始于二十年六月；嗣后各种优良种畜，陆续输入。现从事实验者，计有猪种改良，鸡种改良，乳牛之饲养及利用，乳羊之繁殖及取乳，蜂群之繁殖及采蜜，种兔之繁殖等。

乙、家畜防疫。其工作先自调查邹平全县兽疫之分布情形做起，然后根据调查结果，划分防疫区，施行预防接种，以清疫源。他如各种兽疫细菌之检验，病理标本之制造，以及各种家畜疾病之治疗等，亦兼及之。

丙、蚕桑。此项工作计有（1）蚕种制造及品种比较之研究（2）蚕病防除法之研究（3）干茧及缫丝之研究。

丁、田艺。本场除征集国内各试验场之改良品种，从事区域试验，择优推广外，并举行棉花、小麦、谷子、高粱、大豆等之纯系育种试验。其详不具陈。

戊、园艺。关于果树者有苹果、梨、桃，关于菜蔬者有白菜等，积极繁殖，以为推广之用。

己、农产制造。现从事科学酱油之制造，各项应用器械如育菌箱，酵室，木炭代油发动机、磨碎机、打盖机，以及消毒用具等，均已粗具规模。

庚、凿井改良。本场曾为新法凿井之研究，并创制抽水机一种。他如指导农民利用旧井穿泉，先后已完成数百眼。

邹平实验区概况

邹平社会及其自然环境

邹平位居山东之中，西距济南百七十里，东南距胶济路之周村站三十五里，城北四十里孙家镇经小清河，可西达济南，又周青汽车路（周村至青城）道经县城。是以水陆交达，尚称便利（来本院者乘胶济路东到周村换乘人力车或汽车即达）。全境东西四十三里，南北八十里，面积二六二三方里，耕地五七六六顷（此据前建设局报告，另据本院调查当在七十一万亩之数）土质多黑土咸土以肥沃论属于中等。人口一六五七三五，于鲁省列三等县。县之西南多山，峰岚起伏，花木繁盛，颇饶风景。浒山泺在玩湖峰西，东距县城十五里，汇诸山之水，圆广约三十里。往年水旺，颇多菱荷鱼蝦之利，今则冬春每易干涸矣。东南地土平沃，于普通农作物外兼有蚕桑。西北地势较高，向多植棉。邹平民风除东南一部邻近周村受商业影响外，大都朴质、勤苦耐劳。土地分配颇均平，——约有百分之八十六之自耕农，所占耕地亦如之。居民类能自给，少有叫化行乞者。

全县县道镇道路基均已修平，省有长途电话局，县有电话事务所，省县城乡电话四达。此外无线电收音机，在城在乡，公私共有十五架。内有手提式一架，为县政府下乡巡回之用。邮政则有三等邮局一处。

农家主要作物，据二十一年本院在一三七一农家调查中，各种主要农作物，占耕地总数百分比如下：小麦占百分之三二、六五，豆类占百分之三〇、三四，谷占百分之一一、四七，棉花占百分之八，玉蜀，萝卜，芝麻等作物，占百分之二、七。

本县地位北温带，在北洋三十六度，气候温和。历年来最高温度至摄氏四四、四度，最低温度有至摄氏零下二零、六度之时。全年雨量，以七月份最多，计达六五三公厘。至于风向，全年平均速度每秒钟五公尺，最急每秒钟七、三公尺，最慢三、九公尺。

出境货物以棉花、小麦、高粱，土布、及本院酱油厂所产酱油为大宗。入境者以面粉、洋纱、糖、纸张、油漆、及装饰品为大宗。

人民主要食品为高粱，小麦，豆类，甘薯，白菜，萝卜等。

邹平于古称梁邹县，孙家镇即其旧县治所在。汉伏生传经，为文化史上可纪之事，其故里在此，历代以其子孙为奉祀官以祀焉。及有宋范文正公仲淹随母改嫁长山朱氏，尝读书醴泉寺，寺在城西南三十里黉堂岭下，故今有范公读书处及范公祠，其遗念在民者盖甚深。

综上各点，本院所以择选邹平为第一实验区者，盖有数因：一、在山东全省为比较适中地点，不偏于一隅；二、交通不为不便，但又非要路冲繁；三、大体为农业社会。受工商业影响较小；四，不甚瘠苦，亦非甚富庶，颇合于一般性；五、小县易治。

关于邹平社会各详细情形，本院社会调查部已成"邹平概况调查"一册，不日可以刊行。

实验区设置沿革及其工作

本院筹备之初，即经省政府根据本院组织大纲，划定邹平为试验区，于二十年三月由本院推荐梁君秉锟为县长实行接收。二十一年一月梁君辞职，由朱桂山君继任。同年六月朱君辞职，由徐树人君继任。二十二年三月本院奉省政府令发山东县政建设研究院实验区条例及实验区条例实施办法等令文，并明令划定邹平为县政建设实验县区，任王怡柯（柄程）君为县长。二十三年七月王县长因事请假两月，省府令本院院长梁漱溟先生暂行兼代。九月王君怡柯假满复任。二十四年六月省府调王君为济宁县政建设试验区公署（今改为济宁第一区行政督察专员公署）秘书主任，县事由本院院长梁漱溟先生暂行兼代，至同年九月本院乃荐委徐树人君任县长以至于今。

综本区设置沿革言之，前后划然为两个时期：（一）乡村建设试验区时期——自二十年三月至二十二年六月；（二）县政建设试验区时期——自二十二年七月以迄现在。在事权上，在工作内容上，前后均有重大不同，兹分述之：

缘试验区之设置，意在研究乡村建设，不徒为理想方策之拟定，更以研究所得者实地试验之；又训练乡村服务学生不徒在口耳之间，更得实地练习。顾乡村建设内容牵涉地方各项行政，而地方各项行政大抵分属建设教育公安财政各局，各局表面上为县长僚佐，实际受省中各厅直接指挥，本院欲有作为，虽有县长兼试验区主任，而事权不属，牵碍难行。且一事之举，莫不需钱，而试验区顾无试验费，地方各项行政，各局自为预算，不但彼此间不能通融挪用，即一局之内，各款各目，分限亦严，挹此注彼，势所不许，事之不能举，此又一因也。自二十二年度以前，几于用一人动一钱，胥必听命于上，日唯奉行上级命令为事，凡试验之事于法令无据者皆格不得行；所谓试验区，盖有其名而无其实。此时试验区所得为者不外借助于两种机会：

（一）本院学生实习工作之机会，二十年冬季至二十一年春初之一期间，第一届训练部学生下乡实习，教员负指导实习之责亦一同下乡，师生在乡工作者三百余人，成立乡农学校九十余处，试验区之工作乃于此肇端；其详具见本"院乡村建设"旬刊乡农学校专号。

（二）本院农场推广工作之机会，二十年冬，本院农场主事者于鲁溪先生在邹平旧第六区所属各乡村，指导学生办理乡农学校，得悉当地棉产情形，并以与当地人士之接洽，开此后棉种推广之机会。二十一年春，即由农场选脱里司美棉种四千余斤，推广于孙家镇一带棉农二百一十九户，表证试种。嗣逐年推广，并指导棉农组织运销合作，今已遍及全县全乡；其详具见梁邹美棉运销合作社第一届第二届第三届各报告。农场推广工作不止此，此盖举其大者；其余详见农业改进实施报告。

总之，过去之试验区工作，大抵以本院之人力财力于不抵触上级政令范围内为之，其成绩至为有限。

二十一年十二月中央召集全国第二届内政会议，通过县政改革案地方自治改革案等，鉴于吾国幅员太广，各地方情形殊不一致，又值时代变动，一切制度有待创新，金主国家法令必须富有弹性，略示原则，容各地方自为斟酌，因宜设制，力反过去二十年来以理想揣拟制定之详密划一的法令强行各地之弊。并有各省设立县政建设研究院县政建设实验区办法之规定，期以科学实验之意为一县内地方行政自治社会建设之改革创新的进行。翌年春，山东省政府首先根据各省设立县政建设实验区办法制定山东县政建设研究院实验区条例十一条，又实验区条例实施办法二十条，划定邹平菏泽两县为实验区，并依照各省设立县政建设实验区办法第三十一条之规定，由山东省政府明令本院适用前项办法条例等，勿庸变更原定名称（乡村建设研究院）。至是本院实验区之名义、性质权限等，均为之一变，盖不仅增多一县而已。试分析言之：

（一）名义——由"乡村建设试验县区"改变为"县政建设实验区"。

（二）性质——旧日第为一种乡村建设之实验工作，今县政建设实验工作其内涵包括有三：

（甲）自县以下之地方行政改革实验：此包括行政制度之改革及各项行政之讲求刷新，未举办者如何次第举办。

（乙）自县以下之地方自治推行实验：此包括各级地方自治之推行以讫县自治之完成。

（丙）县境内之社会改进实验：此包括产业振兴，经济进展，民智开发，风俗改善等。

（三）权限——旧日除得推荐县长及院县间按照上下属行文外，未能取得进行实验工作之权，今则依据各实验办法条例等，其权限亦多扩充：

（甲）实验区内县政府以次各行政组织，得本研究实验态度改组或扩充之；地方自治组织制度，亦同此例。

（乙）实验区县长由本院呈请省政府任用之，县长以下各行政人员由本院或县政府委任之。在实验区长官公署未成立之前，其职权属于本院；所有实验区内各县政府均应受本院指挥监督。于此本院以教育机关学术机关兼代行政机关。

（丙）实验区拟具实验计划呈由本院审定后，转呈省政府核准备案，即根据计划进行，所有通行各县之各项政令，如有与前项计划有窒碍时，得不受其拘束。又实验区执行中央及省之法令确认为有碍难时，得斟酌变更之，呈经省府转请中央核准备案；亦得应事实之需要制定各种单行法规。

自此以后，本区工作乃得一本研究实验之意以行之。所有县政府组织，县以下之佐治机关自治制度，均本研究所得，从事实验，一切均不同于他县，其详见后。而各项设施如普及民众教育，乡村自卫，金融流通，卫生行政，户籍行政等亦得次第兴举，并分见于后。

县政府组织及其经费

本县自划为县政建设实验区后，于二十二年七月根据呈准山东省政府之实验计划，实行改组。嗣于二十三年有见于县政府组织方面经费方面，仍有改革必要，因呈准省政府于二十三年七月又实行改革一次。至二十四年一月又呈准省政府有所修改，即为至今所沿用者。兹将三次改革各要点分叙于后。

第一次改革要点：

（一）裁局改科，合署办公。原有财政，建设，教育各局，并入县政府，改为第三、四、五科，励行合署办公，以统一事权，并增行政效率。

（二）裁撤民团大队部及驻孙家镇公安分局。山东维持地方治安之武力，系于民团总指挥下分五路民团指挥，在各县则为民团大队部。所谓民团仍系雇佣性质，类似军队。为进行乡村自卫实验起见，特行裁撤，另设民团干部训练所，训练邹平本地自卫干部人材，以为自卫计划之初步入手，其详见乡村自卫实验项中。

（三）裁撤全县各区公所各乡镇公所，代以乡理事村理事制度。原区公所为县以下之佐治机关，乡镇公所亦同受上级政府委任，而执行国家省县之行政事务，除一面为地方自治团体外；一面兼为下级行政组织。为侧重社会改进工作，多用教育工夫，少用行政力量，故有村学乡学之设。乡理事村理事及乡学村学中之学董，其详见村学乡学实验。

第二次改革要点（节录上省政府原呈）：

（一）县政府有必不可少之开支而不列正式预算者，或预算所列太少不敷实际应用者，非改革不可也。此如邹平每日邻县递解过境人犯三五人至十数人不等，转递他县所需之车价饭费，在司法行政两县预算内均无此项支出，向例乃由县长设法赔垫。又如县府对有上行下行各机关公文往复之繁，一县数十万人口各种事务应付之剧，而预算所列办公费用纸笔杂品每月仅三十元，出差旅费每月二十三元，本年度虽增加三十五元，而为数仍少，当此百物昂贵。动辄需款，其亏垫亦势所必然。又如邹平三等县兼理司法，司法项下办公杂费每月仅十九元，实际上万不敷用。此必须改革者一。

（二）县政府组织太简，人员太少，薪给太低，因而事不能举，或流弊滋多，非改革不可也。此如邹平三等县仅设秘书兼科长一人，科长一人，科员三人，书记十名，而上级政府筹划进行之事、调查咨问之事，无不责之县政府；且不问其地方诸事能否照顾，上级政令果否认真执行，即此案牍表册之呈转造报亦觉应付不遑。欲求其不敷衍公事，自非扩充组织不可。又秘书科长以次之佐治人员待遇低薄，实难罗致相当人才。政警公役月仅六元或五元，生活所迫，易滋流弊；且人数嫌少，在实际上各县无不逾其定额。邹平狱卒额定五名。实际至少非八人不办。诸如此类，自非提高待遇，增加名额不可。此必须改革者二。

（三）县政府经管各项税收多有提成为县长个人之调剂者，非改革不可也。此如印花提成为百分之十六，契税提成为百分之八，超过比较再增提成，烟酒税提成为百分之五，牙税提成为百分之三，油税提成为百分之三，屠宰提成为百分之五、牲畜提成为百分之五，丁漕征解费为百分之三，除十分之六为征费属征收处外，十分之四为解费属县府，亦类似提成。在上述一二两项亏垫之数，每赖此以为县长个人之调剂。在普通县或因情形特殊不得不尔；然在实验区既负实验县政建设之责，凡此收支无定之款，非先剔除，则无由见其实验之效用。此须改革者三。

（四）县政府行政上名为统一，而实则未能；必须更求统一也。本省各县自实行裁局改科后，名义固统于县政府，而其实无异于前。邹平励行合署办公，及地方款之统收统支、大体已近于统一。但一、二两科经费属省款，三、四、五科出自地方，一署之内，俨若两事；且如邹平三等县，一、二两科科长月薪八十元，三、四、五科科长月薪六十元；待遇相差悬殊，亦觉非宜。应将县署各科经费统一规定，乃能完成行政上之统一。此必须改革者四。

（五）县地方经常临时各费为数有限，必须增加也。各县地方建设、教育、公安经临各费大抵皆靠地方附加捐。附捐成数，各县情形不同。照中央规定则不得超过正税，限制极严，为数有限，又多充作地方各机关经费之用。邹平自划定实验区后，以惮于增加民众负担，每每不能有所兴举，实验效用即无由表现。是以非请求增加地方经费不可。此必须改革者五。

以上第二第四两点为组织问题而关涉经费，余为经费问题。嗣奉省政府核准就本县地方收入款内保留百分之三十，逐均得解决。

第三次改革要点：

（一）公安局及民团干部训练所，士兵无多，而官佐设置，颇嫌浮滥，且士兵出自招募，当兵徒为社会上不生产之游荡分子，散则易滋地方之害，此应改善者一。又政务警，迭经整顿，固不复有从前班役习气，惟其政警名称，究系旧日班役蜕化而来，既无机会与其他正式警团享受同等教育，不惟不得侪于正式警团之列，抑难以坚其向上求进之志，此应改善者二。拟将公安局民团干部训练所及政务警各名义，一律裁撤，尽原有薪饷，少设官佐，增多兵额，编制两部：计（甲）警卫队若干名。此队纯以曾受训练联庄会员征调充之，以深造军事技术，及剿匪游击为职务，服役以四个月为一期，期满归农，轮流值调，借以作寓兵于农，推行民兵制之实验。（乙）行政警察队若干名。此队暂以原公安局民团政警之精干者选充，概施以公安警、政务警应具之常识与训练，俾催粮、傅案、值岗、卫生、户籍、及协剿匪类等事。人人能之，既可泯外界卑视政警之心，而旧日班役恶习，亦永无复生之日。以上两队，各设队长一人，队长下设书记及班长若干人，均直隶于县政府。官佐虽取紧缩政策，而行政效率，则增加矣。

（二）原县府第二、三两科、主要职掌，均为财政事项，虽有省县之别，实则性质相类，与其分立两科，不若合并办理，拟将第二科所管财政事项，并于第三科职掌，其他事项、并于秘书及第四科职掌之内，用人上较为经济。

（三）各乡辅导员十四人，虽以乡村为其工作对象，县府亦不可无其会商办公地址，本诸过去一年经验，急宜加以改善。拟于县府设辅导员办公室，俾作辅导会议，及商洽公务之地，隶属县长，以明统系。

关于经费一层，县政建设实验区成立之一年（二十二年度）视前并无增加。凡向例应解缴省库国库各项税收一律照解，而向例应请领之各经费，亦照旧额支领；同时对于本县地方负担亦无增减。所不同于前者，唯于县地方财政厉行统收统支办法，得制定县地方收入支出预算案呈经本院审查转呈省政府核定后实行。质言之，实验工作别无实验费，但以原地方款统筹而变更支配之，一面打破以前分裂割据窒碍不通之局，一面极经济的用以进行实验计划上之工作。试行一年之结果，实不堪窘促之苦，乃于二十三年度开始之前，呈准省政府请照各省设立县政建设实验区办法第十九条实验区经费应就地方收入款内保留百分之五十以上充之之规定，酌减为留用百分之三十充作实验区各该县经费及事业费之用；其百分之七十之数，则扫数报解，并所有以前各该县应请领之省款，概不再请领。此百分之三十，在邹平全年解省税款如地丁，糟米，契税及各项杂税，共约十九万三千九百零三元三角一分，内应为五八、一七一元。除县署全部经费由此支出外，并余有一部分为实验之用。又本县之地方款为一〇九、八一九元，其中向例有一部分为第三四五科经费，今均得腾出归作实验建设之用，视前盖稍松快矣。详情于县府二十二年度至二十四年经费比较表及邹平十九年至二十三年度地方岁入岁出决算总表及二十四年度县地方岁入岁出二表中，可以看见。

附　县政府民国二十二年度至二十四年度经费分配比较表

（金额以元为单位）

科目		年度			备考
		二十二年	二十三年	二十四年	
俸给费	俸薪	10716	31752	32172	
	饷项工资	3156	4212	6180	
办公费	文具	480	1440	1440	
	邮电	360	480	480	
	消耗	1188	1260	1260	
	房租		240	240	
	修缮		240	240	
	旅费	420	2700	2700	
	杂支		480	480	
购置费	警兵服装费		396	396	
特别费	县长特别办公费		1800	1800	
实验费	户籍费			4200	
	辅导经费		5460	5460	
	实验事业费		1123	5803	
合计		12264	51583	58171	

附：修正县政府暂行组织办法

（一）邹平实验县县政府（以下简称县政府）于山东省政府及山东乡村建设研究院（以下简称研究院）指挥监督之下处理全县行政监督地方自治指导社会事业等事务

（二）县政府设县长一人综理全县政务县长由研究院遴选呈由省政府任命之

邹平自十九年度至二十三年度地方岁入岁出决算总表及二十四年度实验县县地方岁入岁出预算表

门类		科目	十九年	二十年	二十一年	二十二年	二十三年	二十四年
岁入	经常	附捐	91710.54	96885.68	80443.01	93133.75	92094.28	97345
		杂捐	1535.98	1298.24	1459.44	2154.15	967.95	864
		公款	1577.96	3057.48	5464.04	8086.38	8640.80	6223
		公产	234.49	234.75	402.26	415.92	1035.21	790
		合计	95058.97	101476.15	87768.75	103790.20	102744.24	105222
	临时	附捐				540.68	607.82	2473
		杂捐	20218.21	70.28	11455.23	1198.23	240.46	
		公款				77	149.46	
		公产						
		合计	20218.21	70.28	11455.23	1815.91	997.74	2473
		总计	115277.18	101546.43	99223.98	105606.11	103741.98	107695

续表

门类	科目	十九年	二十年	二十一年	二十二年	二十三年	二十四年
岁出经常	公安局经费	14915.73	13235.91	13062	8544	7907.33	8292
	民团经费	13456.70	8208	8244	12300	11975.70	15552
	财政局经费	3210	3210	3330	3515.75		
	教育局经费	4000	3999.96	4553.20	3885.30		
	教育费	29938.65	31011.06	29529.93	43637.85	42950.42	58183
	建设局经费	2728	2400	2347.09	5766.68		
	建设费	2100			5900.58	6097	8176
	自治经费	9416.50	8400	8400			
	民众团体补助费	870		8.2			
	合作指导所经费			701.50			
	度量衡检定所经费			360.50			
	雨量气候测员经费						

续表

门类	科目	十九年	二十年	二十一年	二十二年	二十三年	二十四年
岁出 经常	财政局监察委员会经费			100			
	卫生费						3000
	电话水利道路建设费			2510 22			
	合计	80635 58	70464 93	73961 44	83550 16	68930 45	93203
	义务教育基金	14000					
	建设临时费	2800	4900	2239 80		2086 13	4573
	自治临时费		1400	1400			
岁出 临时	实验事业临时费					9783	
	预备费	13423 67	22211 03	9157 40	10885 46	8441 34	9919
	合计	30223 67	28511 03	12797 20	10885 46	20310 47	14492
	总计	110859 25	98975 96	86758 64	94435 62	89240 92	107695
	结存	4417 93	2570 47	12465 34	11170 49	14501 06	

注：(十九二十两年度结存转入二十一年度临时收入门)

（三）县政府于不抵触中央及省之法令范围内得发布命令制定单行法规

（四）县政府执行中央及省之法令确认有碍难时得呈由研究院转请变更之

（五）县政府设秘书室及各科其掌理事务如下

甲、秘书室职掌如下

（1）关于机要事项

（2）关于总核文件事项

（3）关于法规编审事项

（4）关于职员进退考绩事项

（5）关于典守印信事项

（6）关于县政会议县地方会议乡村建设辅导会议事项

（7）关于文件收发事项

（8）关于编存档案事项

（9）关于统计事项

（10）其他不属各科事项

乙、第一科职掌如下

（1）关于户籍调查事项

（2）关于人事登记事项

（3）关于乡村自治委任人员之任免考核奖惩训练指挥监督事项

（4）关于乡村区域之划分变更事项

（5）关于礼俗及宗教事项

（6）关于保存古迹古物事项

（7）关于社会救济灾歉勘验事项

（8）关于人民集会结社事项

（9）关于行政诉讼事项

（10）关于褒恤事项

（11）关于慈善团体监督事项

（12）关于庶务事项

（13）关于卫生行政事项

（14）关于本科职掌之章则拟订事项

丙、第二科职掌如下

（1）关于地方保卫事项

（2）关于征役事项

（3）关于自卫训练及军训事项

（4）关于送达催征缉捕解送事项

（5）关于违警案件之处理事项

（6）关于消防事项

（7）关于禁烟禁毒事项

（8）关于森林渔猎保护事项

（9）关于其他公安警卫事项

（10）关于本科职掌之章则拟订事项

丁、第三科职掌如下

（1）关于赋税之征收整理事项

（2）关于公债事项

（3）关于预算决算之编造审核事项

（4）关于款项之出纳保管登记稽核事项

（5）关于公产保管整理事项

（6）关于其他地方财政事项

（7）关于本科职掌之章则拟订事项

戊、第四科职掌如下

（1）关于土地事项

（2）关于农矿事项

（3）关于森林事项

（4）关于水利事项

（5）关于道路事项

（6）关于建筑事项

（7）关于公用事项

（8）关于合作事项

（9）关于农村金融事项

（10）关于农工商行政事项

（11）关于本科职掌之章则拟订事项

己、第五科职掌如下

（1）关于学校教育事项

（2）关于社会教育事项

（3）关于其他教育事项

（4）关于本科职掌之章则拟订事项

（六）县政府设秘书一人各科设科长一人由县长遴选合格人员呈请研究院委任之

（七）县政府各室科得依事务之繁简设科员专门人员办事员若干人由县长委任之

（八）县政府为辅导乡村学工作起见设辅导员若干人由县长委任之

（九）县政府得雇用雇员

（十）县政府为执行第五条第三项所列事务起见设行政警察队警卫队员兵夫马数额另定之

村学乡学实验

县政建设实验区工作，包有地方行政地方自治社会改进三大项，如前已叙。三者互为关联，在工作进行上，似难划然必其先后之第。然大体言之，当自社会改进入手，以次及于自治之推行，行政之改革。故本区工作，侧重于改进社会，促成自治。村学乡学之设，命意全在于此。欲改进社会，须把握两个要点：

（一）启发其向上求进步之意识要求及心理兴趣，多用教育培养工夫，而忌用行政强制之力；

（二）就一村一乡引入团体组织，趋于互助合作，而忌零散各不相顾。

根于此二原则，故将本县民国二十年时依照中央法规，所划编七区一百五十七乡镇及各该区乡镇公所，监察委员会，调解委员会等，一律废除。按照本县户口，自然形势，社会习惯等条件，改划为十四乡三百三十六村。于村设村学，于乡设乡学。村学乡学自一面看为教育机关，自一面看为地方团体。一村一乡所以必合为一团体者，为"大家齐心向上学好求进步"——此吾人在村学乡学所提出之口号。而向上进步之所求，亦只在由散漫进于组织，完成一村一乡乃至一县之地方自治。附录村学乡学办法于后，其旨可见。

村学乡学成立后，所有以前由区长区公所办理之下级行政事务，由县政府委任乡学之常务学董一人为乡理事负其责任；所有以前由乡镇长乡镇公所办理者，由县政府委任村学之常务学董一人为村理事负其责任。常务学董为各该学董会之所互推；学董会之组织，附录于后。

邹平县设立村学乡学办法

（一）总则

甲、本实验区为改进社会，促成自治，以教育的设施为中心，于乡设乡学，于村设村学。

乙、乡学村学以各该区域之全社会民众为教育对象而施其教育。

丙、乡学村学由各该学董会于县政府之监督指导下主持办理之。学董会之组织另订之。

丁、乡学村学由各该学董会依该区民众群情所归，推举齿德并茂者一人，经县政府礼聘为各该学学长。学长主持教育，为各该区民众之师长，不负事务责任。

戊、乡学村学之经费以由地方自筹为原则；但县政府得酌量补助之。其补助办法另订之。

己、乡学村学之一切设备为地方公有，应开放于一般民众而享用之。其管理规则由各该学董会自行订定之。

凡各地方原有之体育场图书馆等，均应分别归并于乡学村学设备中而统一管理之。

（二）村学

甲、本实验区各村为改进其一村之社会，促成其一村之自治，依法组织村学学董会推举村学学长后，得成立各该村之村学。

乙、凡初成立之村学，在一年以内，其教员之一人或二人以县政府之介绍而学董会聘任之，其薪给由县款支出之。一年期满后，应由其地方自行聘任，自行供给之。

丙、村学受县政府及乡学之指导、辅助，视其力之所及，又事之所宜，进行下列工作：

（1）酌设成人部、妇女部、儿童部等，施以其生活必需之教育；期于本村社会中之各分子皆有参加现社会，并从而改进现社会之生活能力。

（2）相继倡导本村所需要之各项社会改良运动（如禁缠足、戒早婚等），兴办本村所需要之各项社会建设事业（如合作社等）；期于一村之生活逐渐改善，文化逐渐增高，并以协进大社会之进步。

丁、村学为行其教学应有之分部分班分组等编制，办法另定之。

凡村学成立之村，其原有之一切教育设施如小学校、民众学校等，应分别归入前项编制中，以统属于村学。

戊、村学学长为一村之师长：于村中子弟有不肖者应加督教，勿使陷于咎戾；于邻里有不睦者应加调解，勿使成讼。

己、村自治事务经村学之倡导，以村理事负责执行，而村学学长立于监督地位。

庚、村理事办理政府委任事项及本村自治事务，除应随时在村学报告于村中外，每月应有总报告一次

（三）乡学

甲、本实验区各乡为改进其一乡之社会，促成其一乡之自治，依法组织乡学学董会推举乡学学长后，得成立各该乡之乡学。

乙、凡初成立之乡学，在一年以内，其教员之一人或二人以县政府之介绍而学董会聘任之，其薪给由县款支出之。一年期满应由其地方自行聘任，自行供给之。

丙、县政府于各乡学得派辅导员辅导其进行。

丁、乡学受县政府之指导、辅助，视其力之所及，又事之所宜，进行下列工作：

（1）酌设升学预备部、职业训练部等，办理本乡所需要而所

属各村学独力所不办之教育。

（2）相继倡导本乡所需要之各项社会改良运动，兴办本乡所需要之各项社会建设事业。

戊、乡学对于所属各村学之一切进行应指导辅助之。

己、乡学为行其教学应有之分部分班分组等编制，办法另订之。

凡乡学成立之乡，其原有之一切教育设施，除应编归村学者不计外，如高级小学，民众学校高级部等，应分别归入前项编制中，以统属于乡学。

庚、乡学学长为一乡之师长：于乡中子弟有不肖者应加督教，勿使陷于咎戾；于乡党有不睦者应加调解，勿使成讼。

申、乡自治事务经乡学之倡导，以乡理事负责执行，而乡学学长立于监督地位。

寅、乡理事办理政府委任事项及本乡自治事务，除应随时召集所属各村理事在乡学会议进行外，并应每月举行例会一次。

（四）附则

甲、乡学村学之设立，以政府办法，地方乐于接受；地方自动，政府善为接引为原则：无取强迫进行。除乡学因关系地方行政较多，须于本实验区工作开始后三个月内一律成立，以应行政上之需要外，其村学逐渐推广设立，不定期限。

邹平县村学学董会暂行组织规程

第一条 本规程依据邹平实验计划设立乡学村学办法第三条之规定，订定之。

第二条 村学学董会（以下简称本会）应依本规程组织进行之。

第三条 本会以学董三人至五人组织之。

第四条 村学学董由实验区县政府就本村人士中遴得相当人选，

经邀集村众开会咨询同意后，由县政府函聘之。

前项咨询应有每户一人全村村户过半数之出席集会，以全体同意为原则。其有对所提议人选声明异议者，经有出席人数三分之一之附议，应即另提人选；其附议不足三分之一时，由县政府决定之。

第五条 村学学董，任期一年；如任期届满，经县政府继续函聘者仍得职任。

第六条 本会由全体学董互推常务学董一人常川住会，执行会务；开会时，并担任主席。

第七条 本会于下列事项付议后，交常务学董执行之。

（一）推举本村学学长及聘任教员事项；

（二）筹划本村村学经临各费及审定预算，稽核支销款目事项；

（三）拟定本村村学一切进行计划事项；

（四）倡导本村各项社会改良运动及兴办本村社会建设事业事项；

（五）答复县政府及本乡乡学咨询事项；

（六）本村村理事提请本会讨论进行之县政府令饬办理事项；

（七）本村村理事提请本会讨论进行之乡学公议办理事项；

（八）其他关于本村学务进行及学长提议之事项

第八条 本会开会时，本乡辅导员、本村学长及教员得应本会之邀请，列席参加讨论。

第九条 本会常会，定每月至少三次；其常会开会日期，由第一次会议议定。临时会，由常务学董遇必要时，临时召集之。

第十条 本会行文，应借用村学图记。

第十一条 本规程如有未尽事宜，由县政府提交县政会议议决呈报乡村建设研究院核准修正之。

第十二条 本规程自呈报乡村建设研究院核准后实行。

邹平县乡学学董会暂行组织规程

第一条 本规程依据邹平实验计划设立乡学村学办法第三条之规定，订定之。

第二条 乡学学董会（以下简称本会）应依本规程之规定组织进行之。

第三条 本会之学董，分当然学董与聘任学董——

（一）本乡各村村理事及未设村学之各村村长，均为当然学董。

（二）本乡人士、资望素孚、热心公益者，经县政府礼聘一人至三人为聘任学董。

第四条 当然学董任期，应以其充任村理事或村长之任期为任期；聘任学董，任期一年。如任期届满，经县政府继续礼聘者，仍得连任。

第五条 本会由全体学董互推常务学董一人或二人住会，执行会务；开会时，并担任主席。

第六条 本会于下列事项付议后，交常务学董执行之：

（一）推举本乡学学长及聘任教员事项；

（二）筹划本乡乡学经临各费及审定预算、稽核支销款目事项；

（三）拟定本乡乡学一切进行计划事项；

（四）倡导本乡各项社会改良运动及兴办本乡社会建设事业事项；

（五）答复县政府咨询事项；

（六）本乡奉县政府令办事件经乡理事提出本会讨论进行之事项；

（七）其他关于本乡学务进行及学长提议之事项。

第七条 本会开会时，本乡学长及辅导员及教员得应本会之邀请，列席参加讨论。

第八条 本会常会，定每月一次；集会日期，由第一次会议议定。临时会，须经学董三人以上之提议，由常务学董临时召集之。

第九条 本会行文，应借用乡学钤记。

第十条 本规程如有未尽事宜，由县政府提交县政会议议决呈报乡村建设研究院核准修改之。

第十一条 本规程自呈报乡村建设研究院核准后施行。

乡村自卫实验

邹平乡村自卫之要旨，可得而言者有七点：

一、以成年农民为乡村自卫之主体——旧时招募之团队，每为豪绅所把持，本县自卫办法，首先确定以成年农民为主体，尤先施于中农以上之子弟。严杜以游民雇替，依次征训，无所观望。

二、以实施成人教育为自卫训练之主旨——成年农民，悉为乡村具有生产能力最强者，乡村种种事业之推进，必以此为中心。又推进乡村，必由组织民众，训练民众上作工夫。本县之自卫训练，是即训练民众之端绪；自卫组织，正为组织民众之基础。凡被征训之成年农民，皆为后日训练民众组织民众之干部。故于自卫之中，乃以实施成人教育为主旨，而与军事训练相表里。训练课程，除军事学科外，计有乡村建设大意，联庄会会员须知，合作概要，常识，史地，社会调查，户籍法等，而尤注重于精神陶炼之一课。

三、以地段编制为自卫组织之体系——地方自卫之组织，必须寄于地方全体民众，平时则可以守望相助，有警亦易于迅速集合。本县联庄会训练班会员结业后，各回本乡，编入本乡乡队所属之村组，受乡队长及村组长之指挥。更上则受本县警卫队之节制与指导。以此地段部队之编制，遇事则召集迅速，即时可以成军。名为强固之后备，实为常备之民兵。

四、以乡会乡射为训练后之定期补习训练——本县每届联庄会员，于受过两个月之基本训练编入乡队后，每月须集合至乡学一次，举行乡会乡射，以为训练后之定期补习训练，逐月举行。不仅操练演习，振作其精神，并借以聆略师长训话，明晓政令时事，助长其智能。会员与乡学师长之间关系绵固，临事调集，自能整齐而迅速。此种定期补习训练之作用，实较基本训练为尤重要也。

五、以抽调补习训练为建立民兵制度之实验——本县自卫之实验，绝对的肃清招募团队之恶习，而确定以抽调补习训练充作常备团队之办法，如村组长之补习训练，联庄会员之补习训练，一面借资学科术科之深造，一面负担警卫地方之任务。轮流抽调日久相习，以此实验建立民兵制度。

六、以推进乡村事业为自卫组织之运用——本县自卫组织，除以保卫地方为其基本任务外，其他如办理户籍人事登记及成年教育中之军事训练等事，现在亦运用自卫组织以行之。是以自卫组织愈充实，则乡村事业愈易举。

七、培植乡村自卫干部完成训练步骤——本县办理自卫实验伊始，即成立征训队。考选本县乡村优秀之青年，养成干部人材，亦即以深结地方之信心，发动乡村之自力，采取渐进的步骤，由县集合训练以进于乡集合训练，更期达于村集合训练。务使组织训练不离本村，自卫力量，操诸农民，以证验乡村运动之效能，以促进乡村建设之成功。

以上为三年来实验中乡村自卫之要旨之总述，以下就事实经过，依序分述：

邹平在过去维持地方之武力有三种：（一）民团大队部（二）公安局（三）各乡私行招募未经备案之团练局。自二十三年以来，此三者除公安局留一部分为行政警察外，均已次第遣散撤销，而代以本地农民之自卫组织。其设施经过，可约为三期。

第一期之设施——二十二年七月至二十三年六月

（一）裁撤民团大队部及公安分局，成立民团干部训练所，内设干部队及征训队。征训队三十三名，即为后来自卫组织之干部，于成立各乡乡队时，充任乡队长副。

（二）改订联庄会训练办法举办第一届联庄会训练班，全县一七二间每间抽调一人分两次训练，实到会员五三七名一次，五九三名一次，共一千一百三十名。

（三）以受训会员编成各乡乡队及村组，受乡学之节制与警卫队之指导。每月举行乡会操及乡射典礼一次。平时警戒水火盗贼，侦察乡情民隐。冬防夏防吃紧之时，轮流抽调，集中乡学警备。

（四）举办第一次乡队长补习训练。

（五）改组民团干部训练所，裁撤干部队征训队暂设卫士班。

第二期之设施——二十三年七月至二十四年六月

（一）举办第一期村组长补习训练。每期四个月，抽调三十六人。

（二）举办第二届联庄会训练班。此届系训练应调集会员之半数计五七三名，而以所余经费，添购枪支。

（三）裁撤民团干部训练所成立地方警卫队；警卫队一面为曾受训者补习训练高级训练之机关，一面即以之为常备警戒之部队。

（四）举办第二、三期村组长补习训练，受训期间四个月，共计七十二人。

（五）举办全县青年义务训练，实施成人军事训练。受训实到人数八，六〇三名。

第三期之设施——二十四年七月至二十五年六月

（一）调集联庄会员四十名，举办第一期会员高级训练，受训期间四个月，同时即为地方警卫队。

（二）训练号令员五十名，亦即第二期会员高级训练。

（三）举办第三届联庄会训练班。此届仍训半数，实到会员五七八名，以余款购枪。连前共训实数二，三三四名。

（四）举办第二次乡队长补习训练。

（五）扩充村组，改选村组长。

（六）举办第四期村组长补习训练。连前共一百四十四人。

（七）续施全县成人军事训练。受训实到人数八、三五三名。（参看普及民众教育项下）

（八）举办第三期会员高级训练。连前共一百三十人。

普及民众教育

本县普及民众教育之工作，可分三段述之。第一段，二十年十一月本院师生全体下乡工作，成立乡农学校九十一处，成年农民之受教者三千九百九十六人（详情见本院出版之乡农学校专号）。第二段，划为实验县后由联庄会之自卫训练过渡于全县青年义务训练（或称成人教育）。第三段，二十四年七月以中央通令办理短期义务教育，而本县为导友制共学处之实验，正有成效，乃以代替所谓短期义教而推行之。兹分别叙之：

（一）乡农学校

二十年十一月本院第一届训练部学生，在院受训四个月后，由各导师领导下乡实习，师生全体三百余人，分布全县工作，以乡农学校方式，实施民众教育；受教者大都为十八岁至四十岁之成年农民。至旧历年休假，年后又续办一个月，前后有三个足月。

其功课的安排，约分为两大类：

甲、各校同有的功课——如识字、音乐、史地等。

乙、各校不必相同的功课——此是因地制宜的课程。例如邹平西南部多山、山地可以造林；此时乡校教员，即可指导他们联合起来，共同造林，共同看护，成立林业合作社。又如邹平北部为产棉区域；乡校教员即可指导农民选种，改革种植方法，组织运销合作社。余可类推。

（二）青年训练

二十三年冬季县府指定十三乡为青年训练试办区。其办法为就地（本村）训练、各吃各饭，无其他花费。每日受教育两小时，早起一小时军事训练，晚间一小时内堂功课，故白日仍不误农事，十八岁以上二十五岁以下之青年，皆必须集合本村村学内受训，不得有违。村学教员担任学科教育，如精神讲话（包括史地）、识字明理、农村自卫须知等课程。联庄会之村组长任军事教官，按照县府颁发之军事课程速度表，逐日进行。计此次训练单位为四十三村学（每村为一班），受训青年达一千五百人，成绩颇好。翌年春，县府即根据此实验结果，推及于全县。规定训练期间为三个月。县政府与乡学为指导考核机关，县督学为巡回指导员，乡学辅导员、教员、乡理事为指导员，各乡队长为军事总教官。

二十四年冬季因联庄会，分乡训练，就各乡学所在地集中一乡至三乡人数训练之，故县府乡学均感于忙迫，因之青年训练工作，至二十五年二月始开始举行。训练办法，大致仍旧。此次因工作人员之经验充实，与受训人了解训练的意义，进行极为顺利。结业时举行之观摩会，秩序井井，精神焕发，颇见乡民集团的精神活泼表现。

附邹平青年训练第一、二期各乡人数表

人数\乡别\期别	第一期	第二期	备注
首善乡	350	349	
第一乡	494	537	
第二乡	634	402	
第三乡	380	413	
第四乡	539	456	

续表

期别＼人数＼乡别	第一期	第二期	备注
第五乡	337	379	
第六乡	440	458	
第七乡	795	826	
第八乡	952	828	
第九乡	408	412	
第十乡	459	423	
第十一乡	790	794	
第十二乡	554	637	
第十三乡	1471	1439	
总计	8603	8353	

（三）共学处

二十四年中央通令办理短期义务教育，山东教育厅颁布办法，本县在二十四年度内，应添短期小学二十五处。每处以容四十人计算，受教育者不过一千人，为助甚少。且该项用款，除由上级机关少数补助，其外饬令由本县十九年军事垫款及义务教育基金拨充。但该期基金，作常年收入，教员薪水及设备费，每年以二十五校计，即需洋七千元，则后此无以为继，扩展更谈不到。因此本县推行短期义务教育，改以导友制共学处的方法。

共学处的办法，是利用在学的优等学生来教育失学儿童的一种办法，以空闲的时间（如午饭前晚饭后），作为他们受教育的好机会，而不妨害日常工作。目下各乡学村学，一律成立，名称即为第×乡××处，或第×乡××村学第×共学处。据本年三月统计，现已成立者二百六十二处，收容失学儿童二千二百二十七人。

乡村合作事业

本县合作事业，始于本院农场之推广美棉，提供造林，指导养蚕等事。其在当时协同发动者，则为本院训练部第一届学生、二十年十一月间，下乡实习时，所组织之乡农学校。故本县合作运动亦可谓自二十年开始。其种类则有机织生产合作社，林业生产合作社，蚕业生产合作社，美棉运销合作社等。

实验县政府于民国二十二年七月间，奉令组织成立，于县政府第四科置技术员，负指导合作之责，始有全县合作事业计划之制定（见本县实验计划）。厥后县政府欲寓仓政于合作农仓，逐有普设庄仓合作社之决定。迨邹平农村金融流通处改组成立，又从事信用合作社之倡办。

本县合作社计有上述之六种，指导机关则因历史关系，计有（1）研究院农场（2）县政府第四科（3）农村金融流通处三个机关，而研究院方面，因研究工作及学生实习关系，亦从旁参与。至民国二十四年七月院县两方为统一指挥计，乃决由两方合组合作事业指导委员会，由县政府聘请研究院合作专科导师，研究院农场主任及有关技术人员，农村金融流通处主任等为委员，以县长为委员长，共同组织，负其专责。全县合作事业，嗣后又入一新的阶段。

（一）机织合作社

民国二十年冬，由院方拨款三千元作为购机贷款，凡农民合购机一架，即贷款六十元。计由济共购改良机四十四架，每架洋六十八元。当时农民多二、三家合购一机,所织之布则合作销售之;因本县距周村车站仅三十里,洋布倾销所受影响至钜,机织合作社嗣后无大进展。兹将二十一年机织合作社之情形列表于下:

二十一年机织合作社进展情况表

项别 社名	村数	社员人数	机数	每月出布匹数	每月出带打数	备考
第一区机织合作社	2	15	10	150 匹		
印台机织合作社	4	23	14	250 匹	600 打	印台即第二区
信义机织合作社	7	39	20	300 匹		信义即第三区

(二)蚕业合作社历年进展情况表

项别 \ 年度	二十一年	二十二年	二十三年	二十四年	备考
社数	10	12	27	10	
社员户数	271	241	339	522	
推广改良蚕种数	593	740	715	1685	

(三)美棉运销合作社历年进展情况表

项别 \ 年度		二十一年	二十二年	二十三年	二十四年	备考
社数		15	20	113	118	
社员人数		219	1206	2810	2749	
股金	社股			1480 元	2562.00 元	会股为村社加入联合会所认之股
	会股			525 元	720.00 元	
棉田面积		667 亩	3464 亩	21341 亩	26475.7 亩	

续表

项别 \ 年度	二十一年	二十二年	二十三年	二十四年	备考
放款数额	3583.00 元	24128.00 元	130577.00 元	90317.00 元	
运销额 花衣	6762 斤	89496 斤	37469.5 斤	92052 斤	二十四年因旱灾奇重棉花减收
运销额 价值	3245.76 元	38852.02 元	151788.48 元	43097.15 元	
全年营业费	134.05	681.03	4311.04	1643.18	
盈余 社员余利		832.46	1039.294	2606.68	
盈余 公积金		237.85	3174.26	802.60	
盈余 公益金		83.24 元	1587.13 元	401.03 元	
盈余 职员酬劳金		35.68	793.55	200.51	
村长职员奖励金				245.00	
特别公积金			2477.00	3031.83	

（四）林业合作社历年进展情况表

民国二十一年曾组织林业公会，该会于二十二年全改组为林业合作社。兹将历年进展概况列表于下：

林业合作社历年进展概况表

项别 \ 年度	二十一年	二十二年	二十三年	二十四年	备考
社数	5	5	20	25	均在第一、二、三乡
社员人数	239	239	1636	1940	
预植树株	23000	23000	526000	68915	

续表

项别＼年度	二十一年	二十二年	二十三年	二十四年	备考
已植树株	2690	2690	24450	31050	
林场面积	415	415	6780	9080	

（五）信用合作社历年进展情况表

项别＼年度		二十二年	二十三年	二十四年	二十五年
社数		1	1	33	13
社员人数		15	10	589	307
社股	已缴		20元	1178元	694元
	未缴			270元	210元
借款数目		300.00元		9486.00元	2738.00元
备考					二十五年度是自一月起至四月止

（六）庄仓合作社历年进展情况一览表

项别＼年度	二十二年	二十三年	二十四年	备考
社数	20	80	147	
社员人数	10269	14544	9465	
地亩总数	15258.09亩	86893.12亩	148645.993亩	
储粮总数	630.498石	2722.726石	5302.8205石	

邹平实验县合作事业计划纲领

（一）目标：

本实验县合作事业目标，总括言之，在以合作方式，增加乡村生产，节省乡村消费，并建立共营共享共有之社会资本及经济制度。分析言之，有如下列数端：

甲、关于组织：村有村社，乡有乡联合会，县有县联合会及县联合社。与村学乡学县学并立，一为经济组织，一为文化组织，二者相互为用。

乙、关于业务：

（1）以生产合作从事于生产技术之改进，农产贩卖之经营，农产制造之经营，以繁殖物资。

（2）置重利用业务，一以改良生产工具，一以移生产工具为公有。

丙、关于利益分配：合作经营增殖之财产，以提高公益金公积金之方式，使之多量归公，逐渐完成经济生活之社会化。

（二）进程：

甲、进程总述：

（1）合作社之组织：由旧社之整理，进而为新社之发展，由村社之建立，进而为乡县联合会之建立。

（2）合作社之业务：旧有合作社，由原有业务之整顿，进而兼营他种业务；新成立合作社，由单一业务开其端，进而为业务兼营之发展。

（3）合作社之经营：由农业技术之改良，进而为商业之经营，更进而为工业之经营；由生产工具之购买，进而为生产工具之制造；由生产必需品及生活必需品之购买，进而为地方生产品之分配及外货输入之统制。

（4）合作社之利益分配：由社员获利，进而提高公积金，建立合作基础，更进而提高公益金，俾社会共享其利益。

（5）合作社之活动：由经济事业，拓进于有关社会改进之一般文化事业。

（6）合作社之资金：由利用外资，进而为合作金融之建立。

（7）合作社之教育：由乡学村学之辅导，进而完成合作社自身之教育功能，更进而与乡村学相互运用，以发达教育。

乙、分年计划：

（1）第一年度：

1. 实施合作教育。

2. 整理旧有合作。

3. 储备事业人才。

4. 调查及引进乡村固有合作组织。

5. 倡导合作社之初步组织。

（2）第二年度：

1. 续施合作教育，扩大其范围及作用。

2. 划一全县合作社之名称及组织。

3. 试办兼营业务。

4. 筹备合作银行。

5. 发展新社。

6. 成立农业制造合作社。

（3）第三年度：

1. 大多数合作社举办兼营业务。

2. 发展利用及购买业务。

3. 发展新社至全县，每村均有一社。

4. 各合作社试为社会改进的文化活动。

5. 成立合作银行。

6. 成立合作纱厂。

7. 成立乡合作联合会。

（4）第四年度：

1. 全县各村之合作社，均达于组织合并业务兼营之一村社。

2. 展览费及公用合作事业。

3. 乡合作联合会，以各社公益金举办各项公益事业。

4. 成立农具制造合作社。

5. 成立县联合社，试办输出输入及分配事业。

6. 成立县联合会，试办宣传调查统计等事业。

（5）第五年度：

1. 发扬合作组织之文化的政治的及经济的功能。

2. 移合作纱厂农具及农产制造合作社归县联合社经营。

3. 县联合社办理各种制造分配输入输出等事业，完成合作营业中心之使命。

4. 县联合会办理组织推广等事业，完成合作运动中枢之使命。

5. 县联合会举办全县各项公益事业。

合作事业指导委员会实施指导原则及第一年度工作提纲

（一）指导原则：

1. 合作社之倡办，在手续上于不背合作原理之范围内，力求简捷，一切以事业需要事实可能为依归。

2. 多下教育工夫，少用政治力量，引发乡民之自力。

3. 着重实例诱导，予乡民以确实之印象。

4. 注重实质力求稳健与深入。

5. 注意合作社关系之协调，使其做有计划的进展。

6. 注重组织作用，及生产技术之改良，产品销场之开拓，合作资金之运用启发，发扬组织业务资金之连环功用。

（二）第一年度工作提纲：

1. 制备工具上必须之工具，（本会及合作社所用表格章则等）俾指导手续与社务管理，俱得划一。

2. 订定合作社组织程序，划一合作社成立步骤。

3. 举办合作社登记，奖优汰劣。

4. 实施社务及业务成绩考核分级分等。

5. 规划合作簿记，并施行会计稽核。

6. 调查庄仓合作社实况，订定整理方案。

7. 整理棉运社充实村社内容。

8. 整理信用合作社蚕业合作社林业合作社之组织及业务。

9. 调查乡村固有之合作雏形组织。如钱会等,并分别予以改善及引进。

10. 订定合作先锋团及合作预备社章则,倡导合作社之初步组织。

11. 办理合作函授班,协助辅导人员之进修。

12. 编辑指导材料,供给辅导人员及合作社职员。

13. 订定乡学村学合作教育方案及其指导社务办法,普施合作教育及指导工作。

14. 拟定各种合作社推进计划。

农村金融实验

邹平农村金融流通处，创立于二十二年八月。其意义，简言之不外吸收都市资金，调剂农村金融，资助合作事业，推进一切建设。分析言之，则当时实有下列几点用意：

（一）以本处为经征赋税之收纳保管现金机关，俾征收与保管现金之职务分离，免除征收人员侵蚀挪用之弊；

（二）以本处保管教育基金、建设基金合理运用，而减少存放商号或私人手中之意外损失；

（三）以本处做为全县金融汇划总枢、运用保管之公款，加大货币流通之速率，减少农村资金缺乏之痛苦；

（四）以本处控制金融、减少高利贷之盘剥，增进农村生产与运销之机能；

（五）以本处放款乡村，及指导人民经济活动之作用中，增进农民对于政府之信任，借便政令之推行。

第设立之初，限于资金，业务甚少。二十三年十月县政府议定于三年内，分期筹足资本十万元，乃得扩充业务：

甲、经营农民银行的业务：本处贷款各信用合作社或农户时，不用任何担保抵押，只好严密考察用途，务使其用在生产方面，如凿井贷款，购买耕牛家畜贷款、购买肥料种子贷款。以上各种贷款期限较长，其最长有至二年者，月息不过八厘一毫左右。此点颇近于农民银行的性质。

乙、应用商业银行的手段：本处的固定资金，大概完全放于农村救济生产。其余所收各种存款，除定期存款之一部亦可放给各信用合作社外，如短期存款，暂时存款，为准备存户临时的支取，不便放给农村。有时放给商号作为活期生息，或存于各大银行找日利，作为往来透支，或做外埠汇兑。此点颇近商业银行的性质。

丙、经理县金库：所有赋税，悉由本处征解保管，县地方教育建设各项基金，亦由本处保管，并由本处经发县属各机关各学校经费。此点是代理县金库之职务。

本处于民国二十二年八月成立，二十三年十月奉令改组，遵照章程第六、七、八三条之规定，采用银行组织制度，设有董事会，监察员。惟董事会监察员之产生与普通银行不同：董事由邹平各乡学学长中聘任七人，由商界中聘任二人；县府四、五两科科长为当然董事。监察员由各乡理事中聘任三人；县府第三科长为当然监察员。经理由县长提出人选经董事会通过任用。经理以下暂分三股：一为出纳股，一为会计股，一为业务股，每股设主任一人，股员若干人。兹将本处组织系统列表于下：——

本处业务种类，主要者为乡村事业之放款，其次为各机关团体的存款，以及经营各种款项的收支等。兹略述于下：

（一）信用合作社放款——民国二十三年十月本处改组后，关于乡村合作社社员之信用，社员贷款用途之监督，皆由本处担任。截至二十五年四月止，本处对于各社之放款，总共两万余元。

（二）庄仓合作社放款——庄仓合作社，于民国二十二年秋季举办，由县政府拟定办法督催各乡进行。共计组织庄仓合作社五十余处，贷款共计三千余元。

（三）特种放款——本处为救济农村之现状，而特种放款为不容己之举。自施行以来，结至现在共贷出整理旧债之款七千余元，计四十余户。

（四）特种凿井放款——二十四年春季大旱，人心焦虑，推广凿井，乃得其便。县府原备有凿井贷款六千余元，不敷需用，特又筹拨两万一千元，一律无利息贷出，奖励凿井。计各乡贷款新凿共

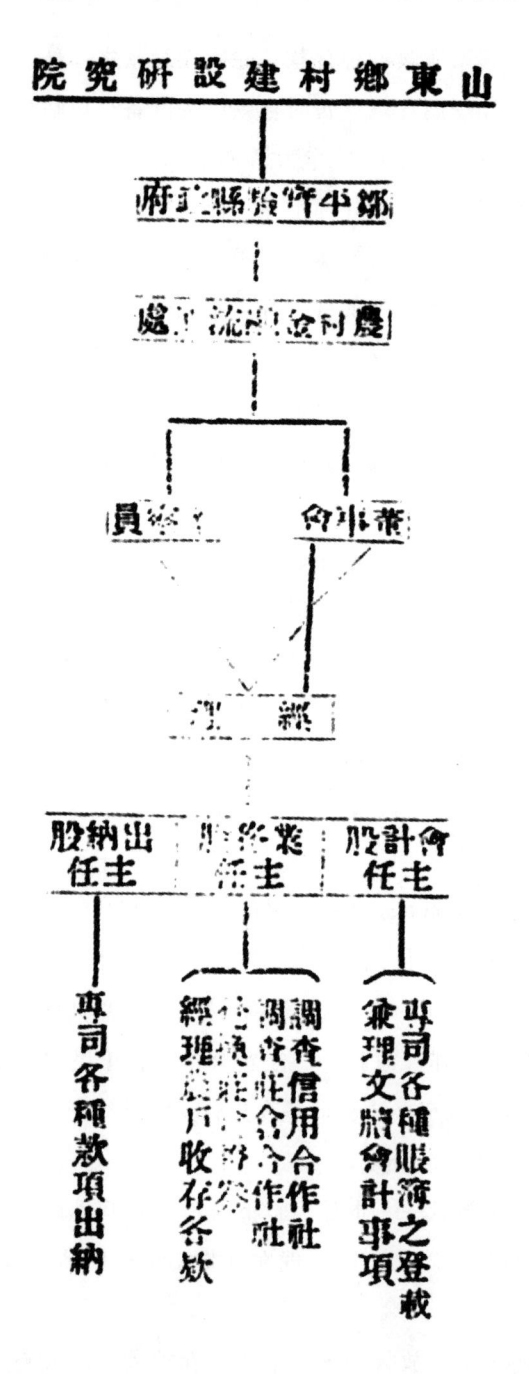

```
         山东乡村建设研究院
               │
         邹平县实验县政府
               │
         农村信用流通处
               ┌───────┴───────┐
              董事会          监察员
               │
              经理
      ┌────────┼────────┐
   主任会计股  主任业务股  主任出纳股
      │        │          │
   专司各种   调查信用合作社  专司各种款项出纳
   账簿之登载  调查抵押品
   汇理文牍   经理农产收存各款
   会计事项
```

三百三十三眼，非贷款者七百零二眼。今后如有旱灾，不无小补。

（五）经收各项公款——计有省地方丁漕税年计十四万一千四

百余元，地方附捐七万九千五百六十余元，酒税二千余元，牙税二千余元，契税一万余元。又教育基金三万余元，建设基金一万余元，赈款、贷济款、县仓存款三项计五千余元。总计邹平公款每年征存在四十万元上下。此项公款，概不付给存息，作为本处农村贷款之用。

（六）经理各机关个人之存款——此项业务现不甚发达，现正极力提倡，将来亦有发展可能。

（七）代兑庄仓证券——庄仓合作社，本为积谷备荒及调剂粮价活动金融，嗣复按仓储时值，由其乡保管委员会发行庄仓证券，讬本处代理兑现，以便流通。计第一、第二两乡保委会，各发行有五千元之数。适商号滥发铜元银角钞票甚多，贻害金融市面甚大；本县正在厉行取缔，分期收回，得此可以补足市面需要。

户籍行政

户籍行政即系实施户籍法举办户籍及人事登记。此项工作，在实验区内为重要政务之一。县府内特设户籍室，隶属于第一科。派科员一人为户籍室主任，办事员一人为户籍室事务员，下设巡查员三人，统计员四人，掌理全县户籍行政事务。各乡设户籍处于乡学内，名为第×乡学户籍处，为受理本乡辖区内人民声请登记之所在地。户籍处设主任一人至二人，户籍员一人至四人，每一村庄又酌设户籍警一人（村庄太小或距离甚近者则合数村设一人），职司察访本村或邻村辖区内之住户，有无户口变动之情事，催人民向户籍处声请登记。本县户籍室之行政组织与人员之安排大略如是。兹为明了其全盘的户籍行政组织系统起见，再略述如下：

户籍室为掌理全县登记之地。凡本县户籍上之设计、进行计划、考察监督之权，均由户籍室主任操之。事务员总理本室及全县各户籍处庶务事项；巡查员调度指导各乡户籍人员，办理抽查覆查事项；统计员办理登记户籍及人事登记副本并统计事项。户籍室内装有电话，随时指挥各乡户籍人员并接受其报告。凡人民之户口变动事件，各乡户籍处亦均由此电话报告于户籍室。如此可以随时明了各村庄之生、死、婚、嫁等变动情形，随时可知全县户口实数。

乡学户籍处之户籍主任由联庄会之乡队副兼任，户籍员遴委本乡内之村组长充任。此种户籍行政执行人员之由自卫人员兼充，实吻合今日各地推行保甲制度之自卫精神。户籍主任及户籍员每日均照规定日程，至各村庄内向首事人员及村小学教员访问有无人事变动事件。此种常用巡视访问甚能引起农民对于登记事件之注意，且户籍室内之巡查员亦常用至各村庄举行抽查、或督饬户籍主任覆查。故人民之声请，已达于极少脱漏的程度。

上述户籍行政系统之建立，系在二十四年四月一日。先是，于同年一日八日零时，县府曾举办全县户口调查一次，于户口的静态、得一大较；迨户籍行政系统建立，逐即开始办理人事登记，以期更能随时得知户口的动态。旋又于七月间督催人民为户籍登记之声请，即以前此之户口调查表为参证，至八月十五日登记完竣，乃令各乡户籍主任户籍员，将所有声请事项一一录入户籍簿，于是全县户口始有一正式之册籍。而办理伊始，仍恐不无疏漏之处，因于本年二月十二日起，又开始复查，以资改正，现尚在复查中。

关于户籍登记及人事登记之统计数字，因统计人员太少，统计工作未见迅速，截至起草报告时止，可得而知者，除全县人口总数外，其余仅及二十四年十二月三十一日以前之情形。计二十四年十二月三十一日之全县户数为三二二三七，全县口数为一六五七一二；起草报告日（二十五年四月十五日）之全县口数为一六九一八四。又自二十四年四月一日起，至同年十二月三十一日止，所为全县人事登记，计：出生者男一七六五，女一四六七。死亡者男二一三一，内五岁以下者一一三四，六十岁以上者三九一；女二〇五六，内五岁以下者九九四，六十岁以上者四一六。死产者男女共一九。结婚者男女各一二二三。离婚者男女各一六。为监护之登记者男二女一，为收养之登记者男九女一一，为继承之登记者男五五，死亡宣告，认领及国籍变更均无。此外户籍变更及迁徙虽均有登记，以数目不甚确实，兹未列入。

户籍行政，于头脑简单之农民不能引起重视之心，盖不能见有直接之利益也。是对于户籍行政之意义的一类智识，亦极为重要。三年之邹平乡村青年训练中，必有户籍常识一门功课者，其意盖在此。

户籍行政为百政之基。邹平以后对于此项工作之方针，除努力使其登记更精确外，即着重于户籍事务人才的训练。盖户籍事务之日进繁难，与今日人民之需要简单，实为吾人极应研究之一大问题。

附：邹平实验县户籍行政之组织系统图

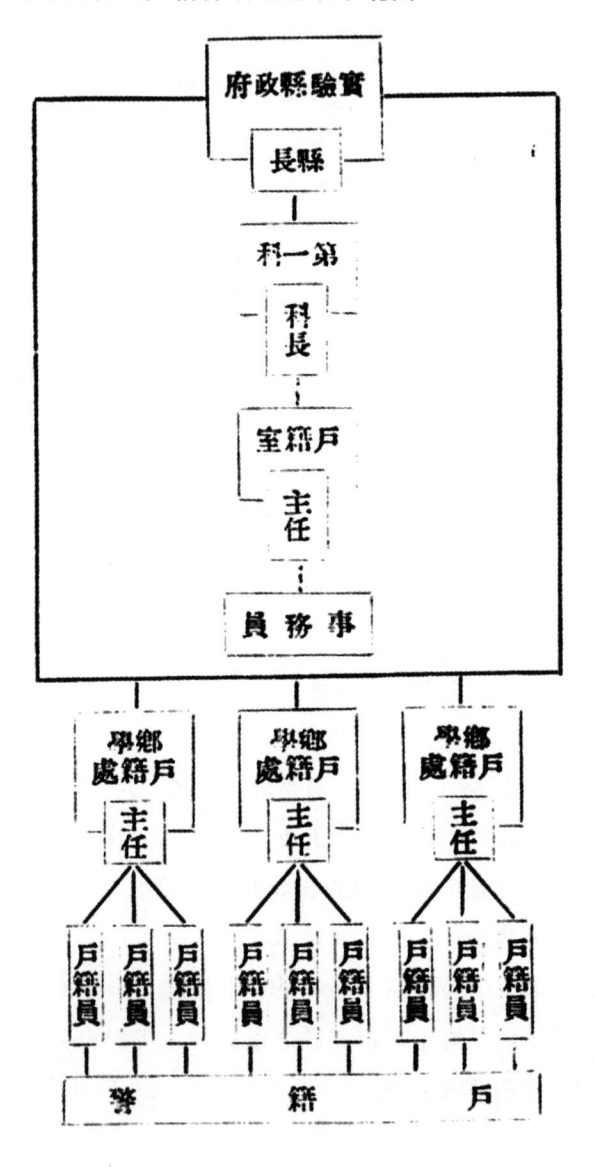

```
          ┌─────────────┐
          │  宝验县政府  │
          │    县长     │
          └──────┬──────┘
                 │
          ┌──────┴──────┐
          │   第一科    │
          │    科长     │
          └──────┬──────┘
                 │
          ┌──────┴──────┐
          │   户籍室    │
          │    主任     │
          └──────┬──────┘
                 ┆
          ┌──────┴──────┐
          │   事务员    │
          └─────────────┘
                 │
    ┌────────────┼────────────┐
    │            │            │
┌───┴───┐    ┌───┴───┐    ┌───┴───┐
│乡户籍处│    │乡户籍处│    │乡户籍处│
│ 学主任 │    │ 学主任 │    │ 学主任 │
└───┬───┘    └───┬───┘    └───┬───┘
  ┌─┴─┐        ┌─┴─┐        ┌─┴─┐
 户户户      户户户      户户户
 籍籍籍      籍籍籍      籍籍籍
 员员员      员员员      员员员
    │            │            │
    └────────────┼────────────┘
              警  籍  户
```

乡村卫生实验

（一）卫生院成立经过

山东乡村建设研究院举办医药卫生事业之动机，发轫于民国二十二年夏。唯以一时人才经费未能立事筹就，难克立行实现。嗣经梁院长之各方奔走，始得内政部卫生署及全国经济委员会卫生实验处之协助，与私立齐鲁大学医学院之合作，并商得上海市卫生局李局长廷安之同意，暂聘借该局技士李玉仁为主任。继奉山东省政府批准开办费四千八百元，并暂定每月经常费一千一百八十五元。逐至七月起开始筹备，先行开办医院、直隶于研究院；当即商定以研究院图书馆及县政府第五科房屋为院址，即日进行修理。至九月底大致就绪，逐于十月一日正式开幕。更为地方卫生行政之便利起见，自二十三年十一月成立卫生院，作为县政建设实验区之卫生推行机关，直隶邹平县政府。

（二）组织

医院与卫生院之组织人员与经费并不分开，实际为一个团体，唯谋行政上之便利，而有两个机关之名称。内部原分平行四组，后改为平行三组，而以"卫生教育组"为三组共同之矢的。

（三）经费来源

本院（以下医院与卫生院均合称为本院）经费来源为四处。除卫生署协助者外，齐大医学院与本院合作，以本院为该院学生

"公共卫生"之实习地点，故每月协助经费三百元。

（四）工作开展略历

1. 二十三年七月七日开始筹备。
2. 九月十三日开始诊疗疾病。
3. 十月一日举行开幕典礼，并在是月内举办乡师学校卫生。
4. 十一月开办十一乡学诊疗所，并举办该校儿童部学校卫生。
5. 十二月调查婴儿死亡原因，计五千四百三十七人。
6. 二十四年一月筹办实验小学学校卫生。
7. 二月筹备招考卫生助理员训练班。
8. 三月一日卫生助理员训练班正式开课。
9. 四月成立妇婴保健会，并举行邹平全县各村普遍种痘（共布种二百四十八村区）
10. 五月计划设置住院病室，并呈准临时费三千八百元。
11. 六月开始修建病室，开凿自流井，安置自来水管及下水道等。
12. 十月十日医院开幕，正式收留病人。
13. 二十五年三月助理员结业。
14. 四月成立卫生所四处，计第二乡第六乡第八乡第十二乡各一处。

（五）诊疗工作

本院以应地方之需要，对于诊疗与卫生并重。在未设病室之先，每日上午八时至十二时，下午二时至五时为门诊时间，而以免费为主旨。初诊仅收挂号费铜元十枚，复诊为四枚。药费除注射"九一四"外，概不收资。查本年度自九月起至二十四年六月底止，共诊病人七千六百三十五人，症为八千五百九十二例；诊疗次数一万七千八百六十八次。

(六) 保健工作

甲、关于"妇婴卫生"。以妇婴保健会为推行中枢，而由本院协助。在首善乡已设妇婴保健会，在各乡拟设分会。该会之组织：设会长一人，顾问一人，干事十人。除干事中之二人由本院"公共卫生护士"及"助产士"各一人担任外，其余职员，尽由当地妇女热心此事之妇女服务之。该会已于二十四年四月成立，每月由会长招集"干事会议"一次，以决会务进行之方针。每月招集"会员大会"一次，以推进妇婴卫生之工作。本年度计已开"干事会议"二次，"会员大会"三次。自六月份起，由该会"干事会议"议决：自二十四年七月份起，举办家庭卫生训练班，以训练各会员以切实之家庭卫生常识。

乙、关于"收生"。由妇婴保健会主办，而以会员中选出若干人，由该会加以训练，实行义务接生。唯在是项尚未经训练之先，接生工作，暂由本院护士为之。计已接生二十六人。

丙、关于"学校卫生"。本院已实行者、计有：乡师、乡师附小，及十一乡乡学儿童部、首善乡村立学校等七处。以各校之等级、性质不同，故对于学校卫生之办法，因之亦异。

(1) 乡师——"邹平县立简易乡村师范学校卫生计划大纲"：

(一) 办理目标：乡师之使命，在以造成乡学之师资，其关系于儿童及社会者綦重。故本院对该校之学校卫生，切为注意，以期造成具有相当卫生常识与技术之人材，俾将来能兼理一村及村学之卫生事宜。

(二) 办理方法：目标既如上述，则办理方法，自不能施用一般的方式。除致力于促进学生本身健康外，且须训练以特殊的技术问题。办法如下：

(a) 乙级（新班）

第一年：基本课程每周二小时；理论与实习并重。——解剖学、生理学、细菌学，各占总时间三分之一。

第二年：普通疾病治疗，每周三小时；理论与见习并重（以本院为实习处所）。——急要传染病、急救、普通眼病、皮肤病及药物，除急要传染病占总时间一半外，其他各占总时间八分之一。

第三年：预防医学（公共卫生）每周二小时；理论与见习并重。——学校卫生、传染病预防及接种、一般环境卫生、妇婴卫生常识、生命统计及死亡原因调查等（学校卫生以实验小学为实习场所，其余由本院临时酌定之）。

第四年：实习。在末一年内完全为治疗及预防之实习时期，分定期与不定期两种。——（子）定期实习：每四至六人为一组，每组实习两月，每周实习二至四小时（如学校卫生治疗等）。（丑）不定期实习：按照时令及卫生院工作情形，临时商定之（如种痘及卫生运动等）。

(b) 甲级（旧班）

按三年级班，卫生课程，已及百二十余小时；生理、解剖、细菌各科，及种痘实习、传染病预防等均已略及。拟自本学期起，改为选科，其进度如下：

第三年：普通疾病治疗，每周二小时；理论与见习并重（以卫生院为见习处所）。——急要传染病、急救、普通之眼病、皮肤病，及药物、学校卫生等。

第四年：预防医学（公共卫生）在本一年内，治疗、预防讲演及实习并进，每周二小时（项目与乙级第三年同）。实习方法，为：（子）定期实习，每二人至四人为一组，各组同时实习不同之项目。（丑）不定期实习，按照时令及卫生院工作情形，随时商定之。

(c) 促进学生之健康及改造环境

1. 成立"卫生室"作为教导实习及学校卫生人员工作处所，室内备置学生实习应用之设备。

2. 在二十四年度，学校卫生工作，完全由卫生院负责；自二十五年起，则由学生分组担任，而由卫生院负责指导。

3. 关于促进学生本身健康之办法、大纲如下：

A 健康检查 B 矫治病态 C 传染病预防及发现后之处置 D 一般环境卫生改善 E 卫生活动

（2）乡师附小——完全依照卫生署卫生教育组所拟学校卫生实施教案之办法，以冀作成工作较广之学校卫生，而供训练人材之实习。计该校已举办之工作如次：

1. 成立卫生室。

2. 健康检查。

3. 病态矫治。每星期二次，由本院医师及学校卫生护士至该校为学生作病态矫治工作。

4. 晨间检查。每晨由本院学校卫生护士，协同该校教员作晨间检查一次。

5. 设立盥漱室。将患砂眼学生之盥漱用具，分离搁置，以免传染他人。

6. 设备饮水箱。每学生各有自用茶杯一个。

7. 预防接种。计已种牛痘及注射霍乱疫苗。

8. 卫生教育。除每周之卫生课程外，并行集合演讲及卫生活动。

关于各项工作结果字数从略。

（3）十一乡乡学儿童部——该校工作，略为简单，仅"卫生助理员"，将来工作之嚆矢而已。唯自二十四年一月起，以研究院学生实习关系，划归为实习课目之一，由研究院学生主持办理。

（七）传染病制止

甲、布种牛痘——据本院调查，邹平民众对于新法种痘，尚少认识。——以往人多仰赖所谓"种痘先生"者，所费不廉，而结果则不佳。种痘一事，至为急要。故本院于训练班成立之始，即首作种痘训练。至四月即分组各乡布种，计二百四十余村，共一种万零五百人。

乙、霍乱预防注射——邹平以往，霍乱病尚不严重。除在可疑之霍乱发现区域内实行注射，及为学校教育资材外，从未作强力之推行。本年注射结果，从略。

丙、传染病之发现——于本院整个计划未实现之先，对此一事，自难彻底。本年度所发现之传染病，多由于诊疗及护士探访所得；其中尤以痢疾，令人注意。

（八）十一乡诊疗所

该诊疗所成立于二十三年十一月，为本院与十一乡学所合设。本院限于人员，故每集（即每五天）由医师、护士各一人至该所做诊疗疾病、学校卫生、布种牛痘等工作。

（九）卫生教育

甲、工作人员训练——为实现本院卫生行政计划起见，特于二十三年三月起，举办卫生助理员训练班。训练期限为一年。以备为将来各乡村工作之基础人员。

乙、社会卫生教育——此事之推行，暂取下列方式：

（1）卫生运动会（2）妇婴保健会（3）卫生陈列室（4）化装表演（5）巡回讲演队

附：本院卫生建设计划大纲

本院以乡学村学为主，建立以下卫生行政系统：县设卫生院，乡设卫生所，村设卫生室。卫生院直隶县政府，卫生所由卫生院与乡学合力设立；卫生室由卫生所与村学合力设立。每卫生所设"卫生助理员"二人，每卫生室设"卫生服务员"一人——由村学教员兼任。按乡学教员，将来多为乡师毕业之同学。依照本院对于乡师既有之学校卫生计划，该校学生毕业后，足可负起下列工作：

1. 简易学校卫生。

2. 传染病报告及接种牛痘。

3. 死亡原因调查。

4. 简易治疗及急救。

5. 简易之环境卫生的改进。

又为辅助卫生工作之推行及训练人才起见,自二十四年十月起,本院病室正式实行收留住院病人;该病室可容病人二十五人。并设有自来水、下水道,抽水便桶等一切之卫生设备。

本院以乡学村学为主,建立以下卫生行政系统:

更将全县分为三个卫生区,每区设"乡村卫生指导员"(医师)一人,专事指导"卫生助理员"之工作。每卫生所设"卫生助理员"一个,每卫生室设"卫生服务员"一人——由村学教员兼任。

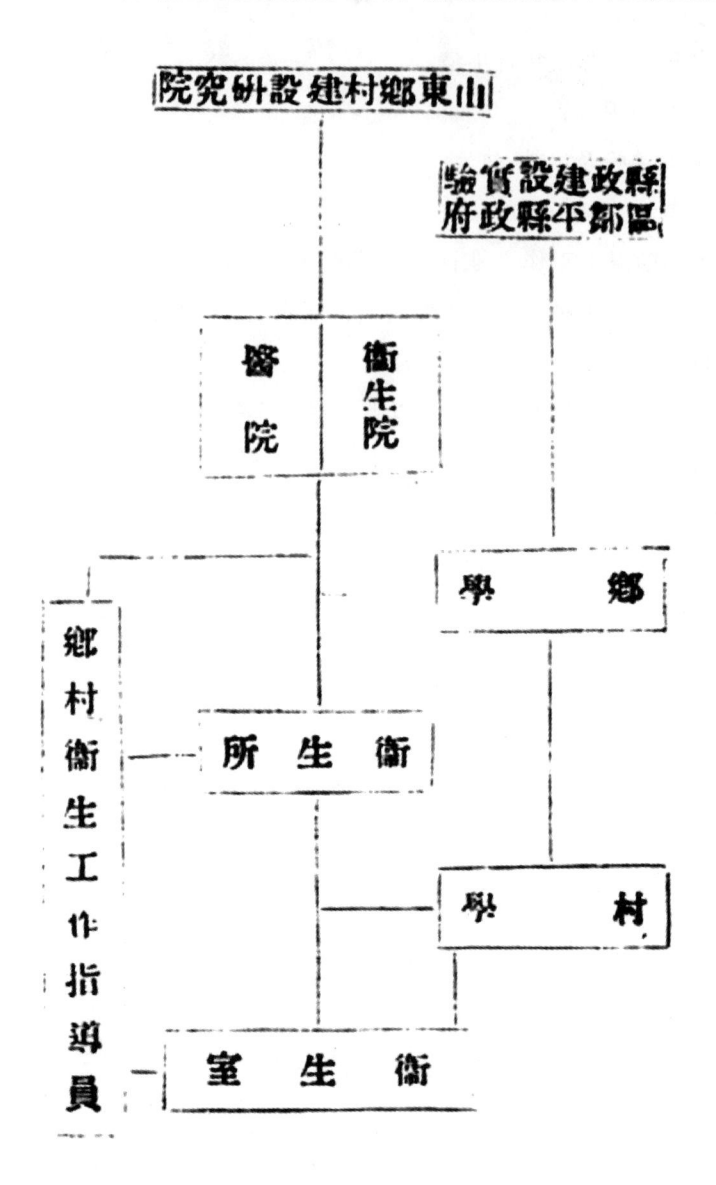

```
        山東鄉村建設研究院
              │
              │         縣政府建設實驗
              │         鄒平縣政府
              │              │
        ┌─────┴─────┐        │
        │ 醫  衛生   │        │
        │ 院  院    │        │
        └───────────┘        │
              │              │
              │           ┌──┴──┐
              │           │ 鄉學 │
  ┌───┐       │           └─────┘
  │鄉 │       │              │
  │村 │   ┌───┴───┐          │
  │衛 ├───┤衛生所 │          │
  │生 │   └───────┘          │
  │工 │       │           ┌──┴──┐
  │作 │       │           │ 村學 │
  │指 │       │           └─────┘
  │導 │       │              │
  │員 │   ┌───┴──────────────┘
  └───┘   │   衛生室   │
          └───────────┘
```

山東鄉村建設研究院

```
山東鄉村建設研究院            鄒平縣政建設實驗區
       醫院                        衛生院
```

總務組	保健組	醫務組

總務組：文書、庶務、會計

醫務組：門診室、病房、病理檢查、藥物

保健組：醫藥管理報告統計、工作

婦嬰衛生、學校衛生、傳染病預防、環境衛生

衛生教育：刊物編輯、衛生工作人員訓練、社會衛生教育